——阿文師的快速致富指[illegible]——

黑馬飆股

操作攻防術

鑑往知來，
讓你聞得出飆股的味道

“不要只找好股”
試著找到好飆股！

Preface

推薦序

非凡電視台前執行長　金淼

「選股靠基本面，時機靠技術面」，這是投資股市最基本的概念，而由基本面與技術面延伸出來的方法，卻有千百種之多，到底應該用什麼方法，才能讓自己賺得多，那便是五花八門、各有絕招，但是到底哪一招最管用，說與用之間，事實上是存在著相當的差距，所以看專家的經驗與研究的心得，想必能讓自己更快成為「股林高手」。

乾文兄在股市的資歷，應該是超過30年，記得他最初就是由證券公司分析師出道，經歷過台灣股市史上最大的兩個風浪，一是12,682點的瘋狂；一是證所稅開徵連跌19個停板的慘淡，這大概是現今很多分析師都沒看過的場面，而他這30多年來，一直在從事分析、研判與研究的工作，所以經驗、知識與智慧的累積，讓他的功力不斷提升，至今不吝藏私而願公諸於世，應該是投資人的福氣了。

乾文兄大約在30年前，就曾著作「量價關係」，由非凡出版社出版，當時就在股市成為暢銷書，那本書比較偏重在「技術面」追蹤股價尋求操作契機，而經過了30年的歷練之後，乾文兄對基本面的分析與運用不斷專研，必定獲得了更多的心得與訣竅。尤其近20年外資大量投入台股，而外資的操作一向是以基本面的研判做為策略的主軸，基本面選股自然就成了投資人想要在股市生存，不可或缺的工具。

怎麼樣找一支「成長股」？怎麼樣從產業景氣蛻變中，尋獲逆轉的契機，巴菲特的價值型投資，讓他成為「西方不敗」的股神，正確的選股想必是他致勝的不二法門，所以用什麼方法選出能致勝的標的，該是投資人未來最重要學習的課題。

乾文兄在非凡電視主講股市分析，幾乎與非凡電視同齡，屬於最元老的一批資深分析師，長久觀察他在電視前的表現，就是認真與踏實，內容從不浮誇，所以至今擁有不少的「粉絲」，這次的新書，藏了很多找「明牌」追「飆股」的方法，相信投資人讀了之後，必有所獲（知識與利益）。

祝乾文兄新書成功！

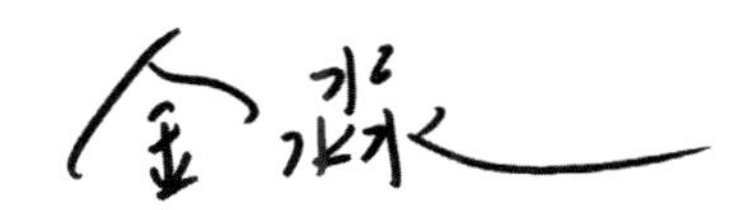

Preface

群益期貨董事長　孫天山

很高興能為阿文師『黑馬飆股操作攻防術』寫推薦序。

如果看中了一檔強勢的股票，眼睜睜看著外資持續加碼，自己卻遲遲不敢買進。這買不下手的關鍵往往在於看不懂產業背後的故事，或其實從未認真探索過這個問題，很多時候也就錯失了持有成長飆股的好機會！

我奉行著『為成功找方法，別為失敗找藉口』的圭臬來經營企業，投資股票也是一樣，除了要從失敗中學習經驗之外，更須從成功的範例中找出方法，深刻去理解成功與失敗背後的故事。同樣身為研究金融市場出身的我，對於創新的見解是，創新不一定會成功，但沒有創新一定不會成功，端看產品特色能不能被市場所廣泛接受，本書中阿文師透過驗證歷史成功與失敗的產品經驗幫助投資人了解產業的興衰交替，從中學習經驗，找尋下一檔成長飆股的機遇。

『黑馬飆股操作攻防術』一書讓最會說產業故事的阿文師帶領您從外資法人的觀點及視角研究潛力飆股，除了詳述從政府政策到產業趨勢的宏觀思維，也細述微觀分析，包含股價的估算、短線進出場時機等，阿文師累積多年的經驗值，一次傳授，特此撰序，推薦給諸位投資好朋友。

孫天山

永豐期貨董事長　葉黃杞

套用毛澤東「沁園春」詩句-「江山（股市）如此多嬌（妖），引無數英雄競折腰（夭）」。詞句中的「妖」和「夭」實已直指「股市江山」是具有致命的吸引力（fatal attraction)。臆測股市「漲跌」一如猜測硬幣的「正反」，表面上看起來「很簡單」，所以「吸引」無數英雄好漢，帶著「資金武器」參與市場逐利。殊不知「股市」是會讓人「致命的」！因為它是人類史上規模最大的競技場；從泛泛的販夫走卒、比丘尼僧、達官貴人、到頂尖的專業投資機構人士…每位參與者均無所不用其極，以其最敏銳的神經參與著殘酷的「多空戰役」。面對史上規模最大的廝殺戰場，如果參與者沒有懷著「謙虛審慎」並「持續精進」的態度應戰，而僅想憑一時的「時運」去拚搏爭利，最終將難逃丟盔棄甲的宿命！

「正確學習是一切偉大的開始」，作者自序開場的第一句話，特別適用於每位有心角逐於市場的參與者。進入市場，如果光靠「資金子彈」，而沒有一定程度的「投資專業」和淬煉體驗而生的「心法修為」來充當自身的攻防武器，最終也將淪為戰場的獵物或俘虜。隨著全球化金融資本市場二十四小時的連動及繁雜的各式衍生性金融商品的相互牽動，每位投資交易人需要學習的範疇更甚於以往，面對浩瀚無垠的專業知識，個人投資交易者只能以孜孜不倦日積月累的方式不斷攝取專業，並累積實際操作經驗來武裝自己。武裝自己就是研究學習攻防，所以我非常認同作者以「攻防術」來訂書名，因為參與股市就是在參與各種「攻防」：多頭和空頭的攻防、報酬和風險的攻防、價格和價值的攻防、總體和個體的攻防、短期和長期的攻防、情緒和理性的攻防…。

Outperformance（績效勝出）是每個投資交易者追求的終極目標。很多投資交易人想要靠「中短波高出低進」來達到「績效勝出」的目標，但那是幾乎不可能的，除非你是「神級先知」！但最有可行性達成Outperformance的方法是「選對股、抱對時」！我個人對股票依其風險和報酬的特性，可分類為：景氣循環股、資產股、轉機股、成長股（又分快速、穩定、緩慢）、龍頭創新股等 。現階段股票市場已經不是齊漲齊跌的時代，不同特性的股票在同一市場、同一期間常出現分道揚鑣的走勢。通常在「快速成長股」、「轉機股」及「創新龍頭股」三大類中比較容易出現「黑馬飆股」。阿文師（連乾文）的新書-「黑馬飆股操作攻防術」，其核心內容就是讓我們學習如何在投資戰場上勝出。我認識作者阿文師三十餘年，他對股市始終保有熱情開放的心胸，謙虛審慎的態度，並且長期系統性的蒐研。本書集其三十餘年的寶貴經驗，對所謂的「黑馬飆股」做有系統性「鑑往知來」的推薦。對想要追求績效勝出（outperformance）的投資交易人而言是一本難得的瑰寶。故為文以序！

葉黃杞

萬寶投顧投資總監　蔡明彰

認識乾文是在20年前的非凡股市現場，那是台灣第一個電視股市解盤節目，當時台灣錢淹腳目每個投資人急於吸收新知及明牌，節目收視火紅，也造就一批喊水會結凍的明星分析師。每位分析師有自己專長，當年著重技術分析、籌碼動向及市場消息，但乾文獨樹一格專注產業研究。更難能可貴，有些分析師紅了就偏離正途與市場主力勾串，也有志得意滿而目中無人。乾文仍正派分析，不受市場消息左右，待人謙虛有禮。

目前檯面上分析師從民國70年代出道來仍活躍者寥寥無幾，乾文是極少數仍廣受投資人及媒體歡迎及關注的老牌分析師，他的看法高度影響股市。為何乾文在市場逾30年屹立不搖，最主要一路走來始終如一，仍是鑽研產業，把全球及台灣明星產業數十年來興衰完全掌握。

當產業趨勢在多數人不知道是知識，等到大家都知道變成常識，連鬼都知道是鬼故事。知識用於投資可賺大錢，常識賺小錢，而鬼故事肯定賠錢。重點投資人如何取得產業知識，領先一步在股市布局？恐怕無法在一般的傳播媒體知悉，尤其台灣專注產業分析的專家並不多，乾文正是這方面產業知識的管道之一。

最聰明的投資人不是用自己的視野去賺錢，而是用最厲害的專家的腦力去淘金。乾文匯集30年產業分析功夫寫了這本書，教投資人如何找出高速成長的好公司，在未來產業快速變遷推出明星產品，受到客戶端強大需求。揭露他個人的產業分析心法，簡直是做功德，預祝乾文新書成功，替台股傳播知識貢獻心力。

蔡明彰

Preface

非凡電視台波浪大師　林隆炫

台灣被公認為是全球理財投資訊息最普及發達的地方，台灣投資人亦是全世界最活絡最專精的一群，其關鍵應歸功於非凡電視台總製作金淼金大哥，他前瞻創見、獨具慧眼，帶領一群分析師開創了台股全民投資運動的一片天，奠定了資本市場的有力基礎，讓台灣的科技產業蓬勃發展。

其中乾文兄和我都是台灣股市的第一代分析師，歷經三十多年市場的考驗與洗禮，如今依然屹立不搖，顯見阿文師的專業絕對經得起市場的試煉；雖然我們師出同源，但卻在不同領域各自發展，阿文師選擇在個人最專長的產業研究及飆股的選股操作，這是最艱難及直接獲利的極致挑戰，如何買到飆股正確操作應是所有投資者心中的最大夢想。

阿文師三十多年的經驗，掌握了各產業時代的變遷與時俱進，實在難能可貴，更重要的是阿文師願意將一生的研究經驗與心得，編寫成書『黑馬飆股操作攻防術』，無私的與廣大的投資者分享，讓投資者能吸取前人努力的成果、寶貴的經驗，增加一甲子的功力，相信定能青出於藍，在浩瀚的金融投資市場大有斬獲，成為真正的成功投資者。

林隆炫

品豐大中華投顧董事長　蔡豐勝

小時候習武！每天固定蹲馬步練拳30分鐘或一小時是常態，因為下盤如果穩固，打起拳路來自然是虎虎生風，威風八面！從事證券分析事業20多年來，看盡太多捨本逐末，看圖說故事的分析解盤，唯獨前輩阿文師30多年來厚實的產業分析，最令我感到推崇與肯定！阿文師最新力作『黑馬飆股操作攻防術』，可以預見將是台股投資人厚植強化自身產業趨勢研究的最佳選擇之一！

本書從法人視野教導投資人如何抓住進出產業飆股，在台股即將改寫歷史高點的同時，此書的問世正好提供有興趣但缺乏產業分析底子的投資人一盞明燈！產業選股！獲利必然！未來台股黃金十年，產業輪動快速已是不爭的事實，從法人心中了解抓住浪頭上的產業，將是快速獲利致富的不二法門！

國學大師南懷瑾先生曾說「技在手、能在身、思在腦，從容過生活」，想要在已經法人結構化的台灣股市進出從容，笑傲股海的話，融會貫通阿文師書中精華提點將是最快速最有智慧的選擇！誠摯的推薦各位擁有！

Preface

作者序

正確學習是一切偉大的開始

股票投資是實現夢想的最佳捷徑，畢竟實質工資長期以來調幅很小，以目前國內房價、物價水準要靠微薄的薪水是非常吃力的，人不理財、財不理你，天怕起秋旱、人怕老來貧，投資理財是現代人生存非常大的課題。但近年來股市操作確實是較為困難，在投資股票時首先先優先選擇我們所定義的快速成長公司，因這類股票具高成長、高利潤優勢，以蘋果為例，過去10年蘋果創造出市值由2000億美元至1、2兆美元奇蹟，就是因其年獲利由57億美元大增至560億美元。台積電在2008年時一年獲利約900億元，至2020年估一年獲利達4,100億元，增幅超過4倍；市值也由1.4兆元增至8兆元以上，增幅也高達5倍。因此操作股票圭臬是先以我們定義的快速成長公司為標的，再考量該公司過去評價區間，及未來獲利展望，估算出現階段較合理的評價區間，再以技術分析為輔助，在評價較低區間找出進場時機，再在較高評價區間逢高出場。

投資人常常納悶投資的股票明明都是精挑萬選的好股票，但股價還是很會跌一樣賠錢，其最重要的關鍵是產業瞬息萬變，細節藏在魔鬼裡，任何環節出問題就可能導致股價重跌，如藍寶石基板、液態金屬雖有訂單但良率低導致商機遲遲無法出現，如蘋果產品設計改變曾使勝華、GIS、瑞儀、嘉聯益股價蒙難，如紅色供應鏈衝擊一度是明星產業的面板、太陽能、LED等股價快速崩落，因此如何正確判斷產業景氣變動是股票操作的最大學問。本書是一部記錄股市產業滄桑史，過去曾最火熱的高科技技術藍寶石基板、微投影手機、液態金屬、3D列印、Wimax(4G)、博弈等產業如何興起如何衰落，也探討曾大紅大紫的風流人物如宏達電、威盛、面板、太陽能、LED、CD-R等如何大起大落，也探討明星產業如被動元件、MOSFET、比特幣、ADAS、光纖等為何續航力不足導致股價遭退潮衝擊。本書也探討技術領先同業的龍頭公司如台積電，大立光、聯詠、穩懋、信驊等如何拓展高市佔率，也探討新技術新應用也可能創造出新商機，也列出下一波熱門產業的候選名單，這些都有機會在未來替投資人創造更高獲利空間。

投資人讀完這本書等於把這20多年股市產業變動的來龍去脈充分打通，未來在閱讀研究報告很快地就會融會貫通，投資人若能瞭解產業的脈動，觀念對了，股市操作就能得心應手。吸取專家經驗轉化為自己的選股邏輯是在股市決勝的最大資源，必然在股海波瀾中取得最佳立足點，多記取過去教訓、累積經驗、增強操作應對能力才是最重要的，祝福讀者能在書中自有黃金屋中取得獲利之道。

筆者投入股市研究已30多年，從股市早期寫黑板喊單開始，就從事證券工作，筆者早期文章、看法散見於時報系統、聯合報系、電台、電視台等，1991年也曾至美國紐約法拉盛、洛杉磯等地演講，經常在工商時報、聯合晚報、非凡股市現場、網路我是金錢爆經常發表看法，筆者希望能將畢生經驗分享給讀者，期許能讓讀者免除漫長的摸索，這是本書最大的衷意。

連乾文(阿文師)

Contents

第一部：熱門股的產生及識別

第一章：投資快速成長的公司才可以快速賺錢！

第二章：找到快速成長公司的簡易方法

第二部：避免Hero變Zero

第三章：產品續航力如何判斷？

Contents

第一部

熱門股的產生及識別

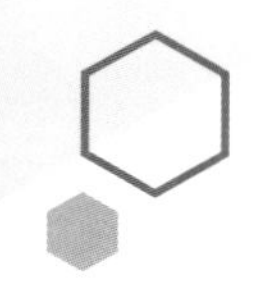

第一章
投資快速成長的公司才可以快速賺錢！

台股上市櫃公司2019年時高達1,700家以上，投資人普遍資金有限下，如何精選會快速成長的個股，把錢放在刀口上，獲取最大利潤，便成為最重要課題。

快速成長的公司可分類以下幾種情況：

1. 公司的所處的產業快速成長：產業的產值或出貨量年複合成長20%以上。如台積電（2330）得以勝出三星的扇出封裝技術，2018至2024年年複合成長約達25%。
2. 在該產業市佔率具有優勢：如市佔率前5名、營益率10%以上，且技術遙遙領先。
3. 經營績效良好的公司：如營益率、股東權益報酬率等維持10%以上，營運穩健成長。
4. 谷底成功轉型的公司。

如何找到快速成長的公司

（一）公司所處的產業快速成長

以2019年的情況來看，快速成長的產業大約有以下幾項：

雲端產業：IDC（國際數據資訊有限公司）估計全球雲端基礎設施及服務（IaaS；Infrastructure as a Service）2018年至2022年年複合成長率達30%。

人工智慧AI（Artificial Intelligence）晶片：富國證券估銷售值由2018年的42.7億美元增至2023年的343億美元，6年內產值可成長8倍之高。

第五代移動通信世代（5G）通訊產業：資策會估5G創造的資通訊產值2019至2024年年複合年增率可高達181%。

全螢幕手機概念股：集邦科技（TrendForce）表示2017年手機全螢幕滲透率僅8.7%，至2021年估可達92.1%，呈高度成長。

生物辨識（包括指紋辨識及人臉辨識）：生物研究機構準確市場情報AMI（AcurityMarket Intellince）估具生物辨識的行動裝置2017年約19億台，2022年將達55億台，6年內幾乎有3倍成長。

真無線藍牙耳機（TWS）產業：里昂證券估真無線藍牙耳機2018至2022年年複合成長率高達115%。

（二）該產業雖不是快速成長，但該公司卻出類拔萃：如市佔率前5名、營益率10%以上，且技術具領先優勢。

如晶圓代工2019年成長率約是負1.8%並不佳，但台積電晶圓代工2019年4Q市佔率高達52.7%，營益率高達39.16%，最重要是其技術遙遙領先，同時符合市佔率前五名、營益率10%以上標準。

如光學鏡頭產業成長率雖僅約10%左右，但大立光（3008）在2018年時在全球市佔率曾達59%，在中國市佔率達72%，大立光營益率高達60%，多鏡頭趨勢商機無限。

如驅動IC產業成長率也僅約10%而已，但聯詠（3034）受惠新應用如全螢幕手機及主動矩陣有機發光二極體（AMOLED）面板取代液晶顯示器（LCD）面板趨勢下，2019年獲利成長估約24%，市佔率也高達47%，具競爭優勢。

如連接器產業僅成長12.9%，但嘉澤（3533）SOCKET背板連接器應用於電腦中央處理器（CPU）上，英特爾（INTC-US）陣營僅3家供應，超微（AMD-US）陣營僅2家供應，嘉澤左右逢源具寡佔優勢，營益率17.4%，在連接器廠商獨佔鰲頭。

如功率放大器（PA）的產值估2017年至2023年年均複合成長率僅7%，但穩懋（3105）受惠5G及去美化風潮，常是大盤熱門股。

（三）經營績效高速成長的公司

如2019年國銀股東權益報酬率僅9.31%，但中租-KY（5871）股東權益報酬率達23.6%，3年內獲利大增2倍。存放利差（資金來源的平均成本率與資金運用的平均收益率之差）達7.32%，高於國銀的1.35%，所有財務指標都顯示中租-KY經營績效非常亮麗。

如祥碩（5269）在2019年時營益率約49%，股東權益報酬率約41%，經營績效佳。受惠於雲端、大數據、網路流量等的需求帶動高速介面傳輸大幅成長，外資估2019年至2021年獲利成長1.4倍。

（四）谷底成功轉型公司

如自行車廠商美利達（9914）自行車2016年出口衰退26%，但美利達（E-bike電動自行車）2015年銷售1.86萬台，2018年衝至14.38萬台，典型谷底成功轉型。

如記憶體廠商旺宏（2337）受惠任天堂Switch、AMOLED面板、真無線藍牙耳機等商機，讓旺宏鹹魚翻身。2016年虧損0.14元，2018年4.94元，也是典型谷底成功轉型公司。

股市操作的原則

操作股市不是只要名牌，要成功還是要做功課的。現在資訊非常發達，要努力蒐集相關資料，如儘量蒐集券商、外資研究報告或專業刊物資料，再進行整理分析，並嚴格遵行投資準則。蒐集資料可向下單券商營業員要求研究報告、或訂閱電子書如HamiBook。財經雜誌包括先探、理財周刊、天下等雜誌，或網路Yahoo股市、鉅亨網、聚財網、MoneyDJ等財經網站均有豐富的產業及個股資訊可供研究參考。

（一）Di-Da-Di（discipline，diary，direction）操作：要謹記紀律投資、持續不斷及選對方向三原則。

（1）紀律投資：不要把所有雞蛋放在同一籃子裡，可分散式投資在快速成長公司，經營績效佳或谷底成功轉型公司。

（2）持續不斷：股市操作需持之以恆，就是要努力不斷地搜集資料，進行整理分析。

（3）選對方向：每天要注意漲停、跌停股票的特性，正確判斷流行趨勢，因資金有限需選對趨勢潮流股，否則會因選錯股，賺了指數賠了差價。

（二）投資股市成功首要經驗累積及心理建設：虧損並不可怕，重點是要記取教訓，賺錢的模式不可能每次都順心賺錢，通常績效是幾次大賺伴隨著多次小虧損來累積獲利。

筆者建議個股上漲時不一定要嚴設停利點，但下跌時則要嚴設停損點。因股票空頭段時股價崩跌常常是無底洞，如宏達電（2498）由1,300元跌至30元；中環（2323）由216元跌至2.38元；洋華（3622）由404元跌至8元等，因此股市要有嚴設停損點觀念。

操作股票時心理建設是首要，不要因股市漲跌起伏，而影響到正常生活。股市是永遠有機會的，Money never sleep，一定要靈活應對，順勢操作。

（三）市場是完全效率市場：市場知道的利多或利空很快地會反映在大盤上，市場不怕利空，最怕不確定變數拖延導致投資人不敢進場成交量急凍，或持續性利空一再地發生衝擊投資人進場信心。

（四）指數放兩旁，個股擺中間：大盤指數上漲時有可能你的股票是下跌的，等於賺了指數賠了差價。也有可能大盤下跌時你的股票卻是上漲。所以選股是最大課題，投資人易被個股短線漲跌而影響到選股的正確邏輯性，導致追高殺低，我們要學習的是拿捏所投資的股票的股性，研究長期的本益比區間，做好適當的進場、出場時機。

（五）每個月營收公告時通常是買股最熱絡時段：營收創新高個股通常是熱門標的，但也有可能「目看在稞，腳踏在火」，意思是買在該股營收最高峰點，當月之後營收會一路下滑，這點也要小心。

（六）查閱資料時儘量留意是否有量化數字，以判斷事件的影響程度：如新台幣升值1％對電子股毛利衝擊0.5％；油價漲10％對GDP衝擊0.26％；如政府發消費券858億元，在邊際消費傾向0.36的情況下，對GDP貢獻0.66％；英脫歐估2016至2020年衝擊英國GDP2.4％；Apple手機川普的25％關稅將使每支手機成本增加160美元，蘋果每股盈餘將因此損失23％等，留意量化數字更能判斷衝擊程度。

（七）攤平觀念：投資人套牢後常常捨不得賣，一直再找機會攤平，這個觀念是對的，因反彈二分之一就解套。但投資人通常會找原股票攤平，不過不一定要找原股票攤平，也可找快速成長公司攤平應較為適當。

（八）現在季節分明模糊：早期產業有淡旺季之分，因此股市也有明顯時節，遂有5窮6絕7零8落9漲10月笑等說法。通常5月繳稅行情差，7、8月放暑假及除權扣抵指數關係導致交投較淡，9、10月因傳統電子旺季股市通常表現較佳。不過現在科技產業產品周轉率高，上、下半年均有新產品推出，淡旺季已被打破，因此已較往常較沒有淡旺季之分了。

（九）打通財報陷阱：股市浪淘盡多少英雄淚，過去有太多股票曾風光一時，但都因財報地雷而從此消失，需注意財報陷阱避免地雷股、作假帳等財報有疑慮股票，盡量不摸財報透明度低及成交量太少的公司，因為殭屍股也已有下市制度。

（十）大跌時不要一下子太恐慌，仍需建立危機入市觀念：繁花未落盡，看空也見多，拉回時或許是另一次財富重分配時機。

如2008年美政府救助AIG（AIG-US），最後美政府賺了227億美元。

如IBM（IBM-US）由130跌至69美元後，若掌握最佳買點之後IBM曾大漲至210美元便大賺。如101大樓（2899）股價曾一度跌至6元，頂新魏家危機入市後曾漲至25元，頂新魏家大賺一票等。

（十一）需有經濟成長數字良窳未必與股市漲跌正相關觀念：過去基本觀念股市是經濟櫥窗，但實際上GDP成長好壞未必與股價成正比。

如台灣2011年時GDP成長4.04％大好，股市卻大跌1,900點。2012年GDP僅成長1.25％欠佳，但股市卻大漲627點。經濟數字只是考量股市漲跌的參考變數之一。

（十二）權證操作準則：

1. 操作權證期間最好在1個月內，盡量不要超過1個月以上，權證持有太久，慎防時間價值快速流失，導致權證價值大跌。
2. 盡量找有信譽券商：投資人可透過觀察其買賣價格隱含波動率與同類型權證差異狀況比較，來規避不合理權證報價，隱含波動率要低、要穩才好。
3. 不要買敏感度太小的權證：否則會有股票大漲但所買權證漲幅太小問題。
4. 儘量找有量、有波動股票：日平均成交量超過500張的權證比較有保障，以免出現流動性不足風險，想賣都賣不掉。
5. 盤價差間隔越小越好，最好只差個1檔（如0.01元），以免買進時是買高，賣出時賣低，出現股票明明是上漲但賣權證卻賠錢的狀況。

重要創新股價大漲案例：

（一）台積電（2330）受惠整合型扇出封裝（INFO）技術大突破及矽4.0異質整合商機無限：

台積電是台灣高科技創新最成功典範，台積電2018年時的附加價值達7,929億元，貢獻GDP約4.46%。台積電獲利重大突破是在2014年在搶奪蘋果手機處理器（AP）戰役上獲得關鍵性大勝戰，蘋果（AAPL-US）是利潤高的肥單，取得蘋果訂單後，推進台積電正式邁入一股賺一股世代。

在2013年之前蘋果應用處理器（AP）大部分訂單是下給三星（005930）的，台積電僅是第二供應商。在2013年時的蘋果A7處理器三星以28nm（奈米）製程全拿，當時台積電因沒拿到蘋果訂單因此獲利平平，股價表現欠佳。但2014年時機會來了，A8處理器因三星在20nm製程不順，蘋果將全部A8訂單轉給台積電，當年台積電的獲利開始突破10元，股價開始走長多。發展至2015年時三星因28nm遠遠落後台積電，因此放棄研發20nm，決定花2至3年時間跳級全力研發14nm來搶下一世代A9訂單。而台積電則是採亦步亦趨步驟，一步一步發展28nm、20nm、16nm的穩紮穩打策略因應。

蘋果鑑於過去三星製程不順殷鑑及分散客戶原則，最後A9分配是三星14nm拿下多數54%，台積電16nm則有46%。但同是蘋果iPhone 6S手機在效能測試上台積電的16nm卻是大勝三星的14nm，三星版的A9處理器容易燙熱，台積電版效能穩定，最後證明當時三星生產的A9處理器良率只有30%，也因三星良率低因此品質不穩定，讓蘋果失去信心。台積電16nm大勝三星的14nm關鍵在台積電發展新的3D電晶體（FinFET）技術，雖然研發時間落後英特爾（INTC-US）4年、三星半年，但台積電在良率和漏電控制上做得非常好，硬是在市場不看好情況下在A9戰役上徹底擊潰三星。

所謂第一矽世代（Si 1.0）是平面製程2D、2.5D的微縮技術（見圖1-1），第二矽世代（Si 2.0）則是採用3D電晶體的鰭式場效電晶體（FinFET）來延續摩爾定律，3DIC就是將晶片平面整合改成3D立體堆疊，台積電在Si2.0世代崛起。

蘋果要求手機更輕薄化，台積電在2016年推出的整合型扇出封裝技術（INFO）。從圖1-2可知過去傳統封裝技術是將所有晶片嵌入到載板上、再黏在主

圖 1-1：第二代矽 Si 2.0-3D IC

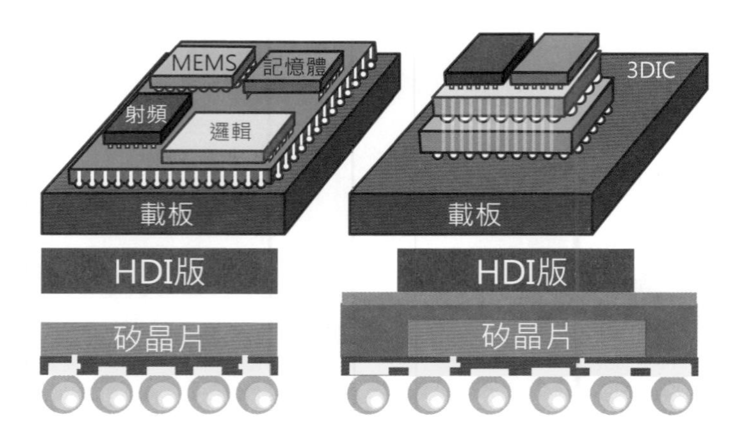

資料來源：作者提供

板上（HDI板），扇出技術是不需用載板，直接將所有晶片嵌在主板上（HDI板），這樣就不需載板，因扇出技術趨勢2015年載板股如景碩（3189）等載板股股價大跌。因沒有載板因此成本可較傳統的封裝至少降低約2至3成以上，大幅節省晶片封裝的成本，封裝厚度也可減少三分之一，台積電確確實實達成蘋果手機輕薄化及降低成本的要求。

扇出技術也廣泛應用在手機AP或其他RF（射頻）、電源管理IC等大宗應用市場，扇出封裝2018至2024年複合成長仍可達25%，遠高於半導體成長率。扇出技術推出後讓台積電在先進製程技術領先三星 1.5至2年，在2019年爆發日韓紛爭後，三星在先進製程的布局因關鍵材料卡關更跛腳，再拉大雙方技術差距到兩年以上。

台積電除封裝技術外，另一優勢是在晶片微縮製程遙遙領先，讓台積電得以享受先進製程更高利潤，如2019年時7nm晶片價格高達9,965美元遠比28nm的3,010美元，16nm的5,612美元，10nm的8,369美元高出很多。更先進的5nm價格約12,500美元，3nm約15,500美元等更是高單價、高利潤，足見晶片差價有多

圖1-2：INFO技術是不用載板直接將所有晶片嵌在主板上（HDI板）

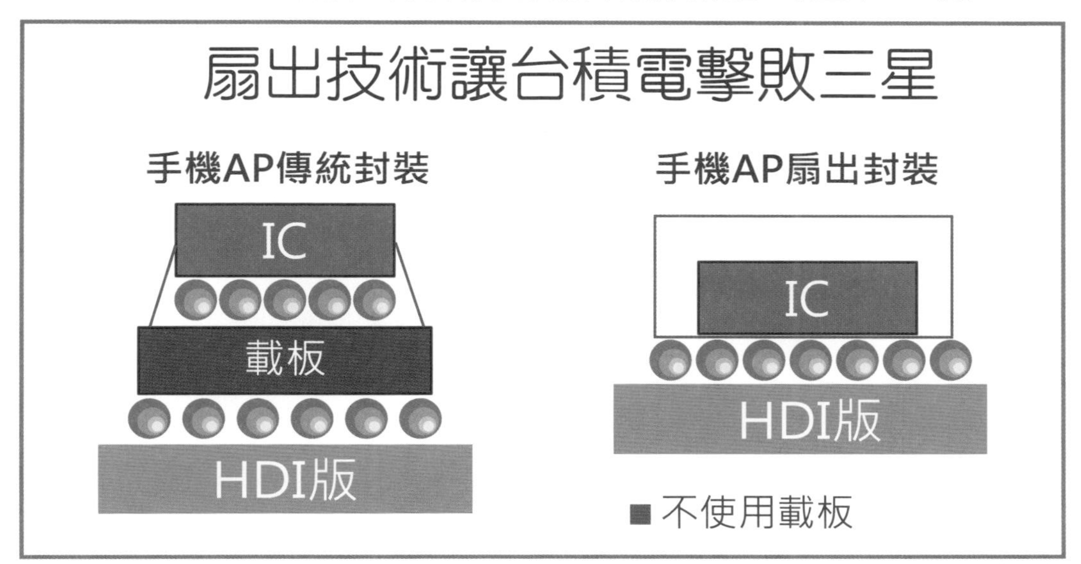

資料來源：作者提供

大，若微縮製程沒跟上的話，無論獲利或競爭力都將大為萎縮，這也就是台積電與聯電（2303）獲利愈差愈遠的最大關鍵。

要研發晶片微縮製程要不斷地資本支出，晶片設計開發到完成所投入費用愈來愈高，也使大廠優勢愈來愈明顯，台積電2020年一年資本支出150億至160億美元，而聯電僅10億美元。晶片從設計開發到完成，在28nm時需花費1億美元，16nm需2億美元，7nm需4億美元，5nm則需高達6億美元。

花費成本愈來愈高主因電晶體邏輯密度愈來愈高，7nm電晶體密度高出10nm約60％，高出14nm、16nm（兩個是同一世代）100％，5nm電晶體邏輯密度將高出7nm約80％，這表示製程愈微縮困難度愈高。由於製程愈趨精密，以英特爾為例，英特爾是營收超過台積電1倍的大公司，但因無法突破技術瓶頸，曾在14nm製程原地踏步長達5年之久。

全球半導體2019年產值衰退約13％，台積電2019年8月前獲利並未明顯成長，因此股價始終無法突破260元。但台積電最大突破是在9月提出半導體不再是用製程微縮去創造價值，而是以半導體異質整合商機把價值放大，未來30年將會是矽4.0異質整合的時代，鈺創（5351）董事長盧超群預測半導體產值可由2019年的4,297億美元增至2030年1兆美元，此一概念提出台積電股價便迅速突破300元。（圖1-3）

圖1-3：扇出、異質整合等技術領先襄助台積電股價大漲

316.0
300
250
200
150
100
50
36.40
'09 '10 '11 '12 '13 '14 '15 '16 '17 '18 '19

資料來源：精誠資訊

奈米微縮製程估在2025年2nm微縮就會停止，那麼未來台積電下一波成長動能在哪裡呢？通常會回答是AI、大數據、區塊鏈等先進科技應用，不過達成這些運算只要10nm、16nm的高運算晶片即可完成，這等於由較先進的5nm、7nm需求退回10nm、16nm需求，因晶片價格下降這樣反而會降低台積電的營益率。但若回答是異質整合這個發展趨勢，因估2030年產值將達1兆美元，將可為台積電帶來無限想像商機。

第三矽世代（Si 3.0）是將不同晶片整合成為同一顆晶片，如圖1-4顯示將邏輯IC、記憶體、功率元件等同質性不同晶片整合在一起。或射頻前端模組將同質性的射頻、天線、濾波器、分頻器等整合在一起。

第四矽世代（Si 4.0）又稱異質整合（圖1-5），是將邏輯IC、記憶體、繪圖處理器等不同3D晶片，再包括鏡頭、感測器、微機電、生物辨識感測、射頻元件等，將不同半導體材料，不同奈米製程晶片共同整合為單晶片或若不能整合單晶片就整合成同一奈米系統。

圖1-4：第三代矽3.0-同質性晶片整合

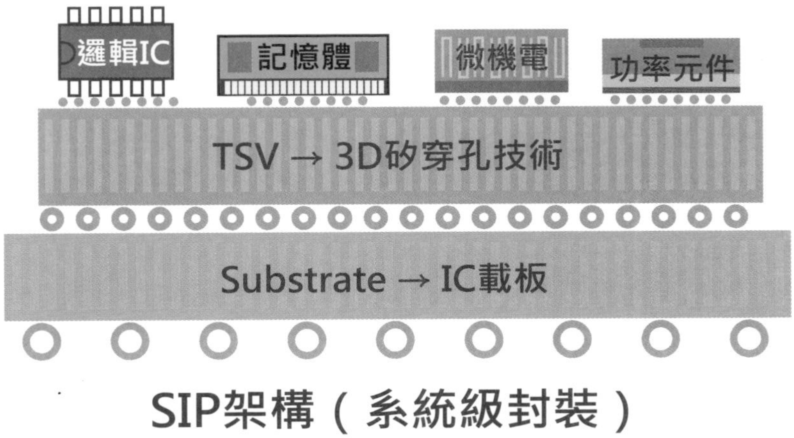

資料來源：作者提供

圖1-5：第四代矽4.0-異質整合

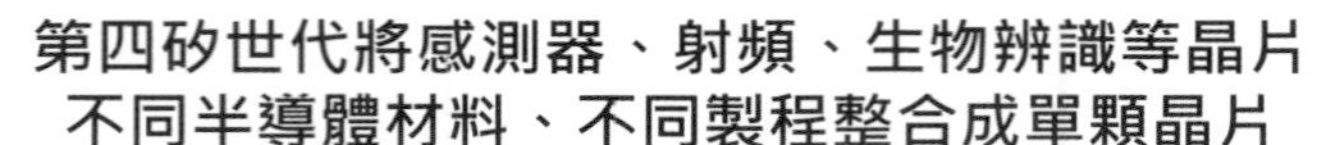

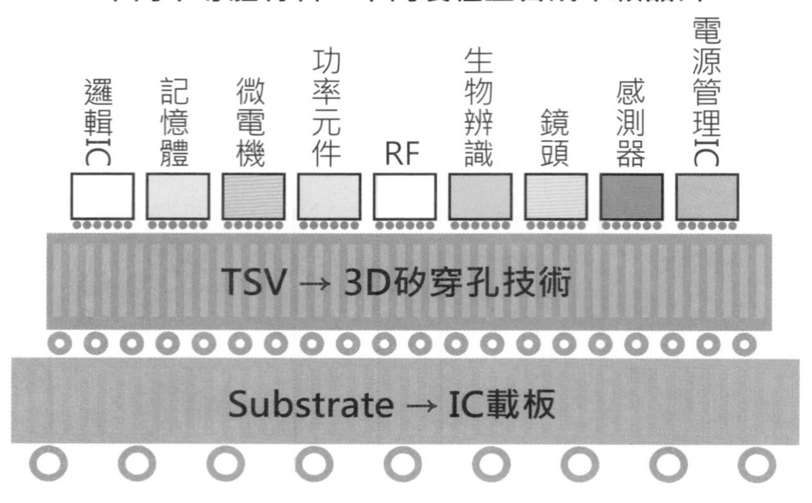

SIP架構（系統級封裝）

資料來源：作者提供

異質整合屬晶圓代工及封裝商機，集邦科技表示2019年第四季晶圓代工台積電的市佔率是52.7%、三星17.8%、格羅方德（GlobalFoundries）8%，因此異質整合商機台積電商機潛力最大，另以無線通訊見長的訊芯-KY（6451）因異質整合更需無線通訊技術，估計在異質整合晶片封裝也具潛力。

早期台灣半導體廠商是靠IBM（IBM -US）、德州儀器（TXN-US）、NEC（JP-6701）等美、日廠商技術移轉，台積電是最早斷奶技術自主。蔣尚義領導研發部門是在1997年開始全力投入研發，研發費用大幅增加，增至每年約26億美元，這是台積電轉機的開始，也因全力投入研發，確實讓台積電發揮技術升級效果。而聯電、格羅方德等未斷奶廠商還是受制於IBM的技轉，遲遲無法順利技術升級。

半導體微縮技術已進入極紫外線EUV（Extreme Ultraviolet）微縮影世代，7nm製程使用傳統浸潤式微影需光罩33次，但EUV只要9次，成本可望大幅下降。EUV技術最大困難點在光罩護膜，當溫度瞬間升到數百度，光罩護膜會破碎，但台積電可以不靠光罩護膜就可達要求的良率以上，可大量生產EUV製程產品。在2019年時市場估台積電在EUV極紫光技術領先英特爾約兩年。

（二）大數據、雲端、物聯網、電子商務、區塊鏈等創新題材及成長性高產業

蘋果至2019年時，10年時間創造市值由2,000億美元大增至1.4兆美元奇蹟，投資人心中一直納悶這些高科技尖牙（FAANG）股如臉書（FB-US）、蘋果（AAPL-US）、亞馬遜（AMZN-US）、網飛（NFLX-US）、谷歌（GOOG-US）等為何都不會大幅回檔？根據波浪理論時間轉折推算，蘋果理應早就應該大波段回檔。

蘋果股價得以亮麗，主因是蘋果獲利由2008年的57億美元不斷成長，估至2021年達678億美元，iPhone在2007年推出後，迅速在2011年累計銷售1億支，到2018年累計已達14億支，加上iPad、MacBook、Apple Watch、AirPods等新產品的挹注，其間蘋果硬體事業雖曾明顯走下坡，但蘋果的服務事業及時拉高創歷史新高，足以彌補iPhone的衰退，因此蘋果這10年獲利是上升軌道。

蘋果獲利持續被看好，在2019年時法人估蘋果獲利2019年11.89美元，2021年估可達15.5美元，除獲利外支撐蘋果股價屏障是穩定的股息及大額的庫藏股，蘋果曾10年砸下2,600億美元買回自家股票，在獲利前景看好加上庫藏股、股息挹注，是蘋果股價始終維持高檔的主因。

在2013年時手機晶片銷售金額達707億美元，正式超過PC晶片的651億美元，從那時手機概念股的鋒芒就遠遠超過PC概念股。下一波AI（人工智慧）、大數據、5G、雲端、IOT（物聯網）、電子商務、區塊鏈、影音串流、工業4.0、穿戴裝置、電動車、手機高端配備、智慧語音辨識等將取代手機產業，成為快速成長產業。

亞馬遜是跨足雲端、電子商務、大數據等產業首屈一指的先進科技公司。在2012年之前獲利多呈虧損狀況，2013年才開始轉虧為盈，2019年獲利估約23.02

美元，市場已有法人估2022年獲利可達78美元。由亞馬遜的獲利不斷被法人看好調高，足見雲端、AI、大數據、區塊鏈等創新產業正蓬勃成長中。

受惠創新產業蓬勃成長，尖牙股市值不斷拉升，亞馬遜股價曾由48美元漲至2,000美元以上（見圖1-7），谷哥由169美元曾漲至1,500美元以上，臉書由

圖1-6：蘋果13年內獲利由57億美元增至678億美元助益股價上漲

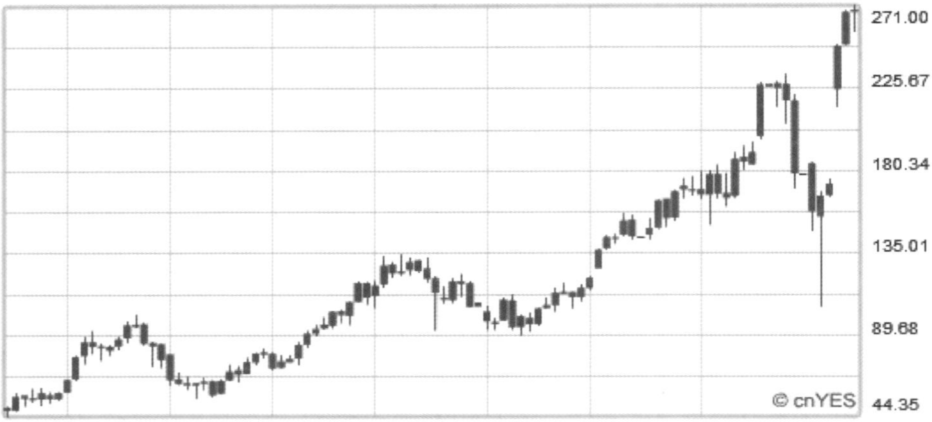

271.00
225.67
180.34
135.01
89.68
44.35
© cnYES

資料來源：蘋果、鉅亨網

圖1-7：尖牙股如亞馬遜等因創新產業蓬勃發展股價連袂大漲

2050.50
1673.79
1297.09
920.38
543.68
166.97
© cnYES

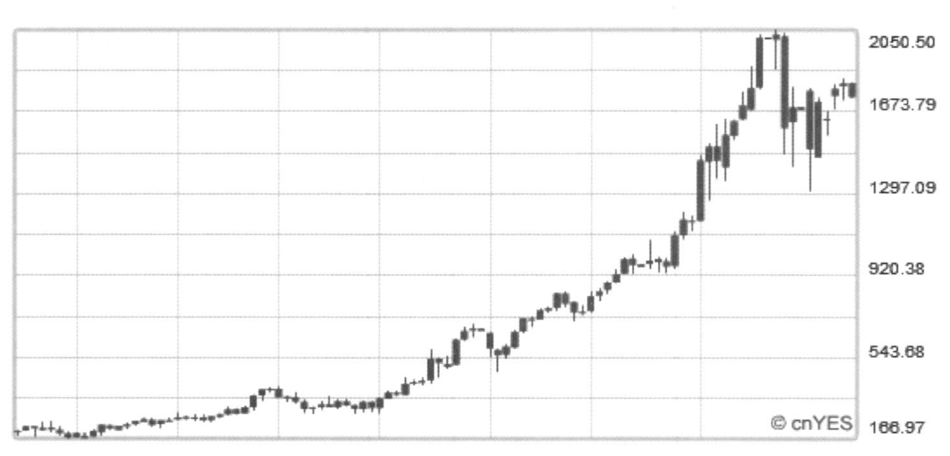

亞馬遜-鉅亨網

IPO38美元漲至200美元以上，微軟（MSFT-US）市值也曾衝至1.4兆美元以上，尖牙股是美股漲跌的關鍵。

亞馬遜（AMZN-US）的成功主因：

（1）非常重視研發：這也是其技術持續領先，版圖不斷擴大的主因，在2018年時計花費約288億美元，高於谷歌的214億美元、三星的167億美元、華為的153億美元、英特爾的131億美元、微軟的123億美元、蘋果的116億美元，遠遠高於台股的台積電的26.6億美元及聯發科（2454）的18.8億美元。

（2）亞馬遜雲端（AWS）市佔率遙遙領先：遠遠高於微軟、阿里巴巴（BABA-US）、谷歌、IBM（IBM-US）等雲端大廠商。雲端業務佔亞馬遜營收13%，但佔獲利高達71%，可見雲端利潤高。

微軟Azure雲端在2019年營收約170億美元，研究機構Reback估微軟雲端營收到2022年為352億美元，到2030年會超過900億美元，雲端業務未來商機非常龐大。

（3）亞馬遜經營效率遠高於谷歌：在2004年時谷歌是純軟體企業，當時其毛利率是完勝亞馬遜的，在谷歌眼裡亞馬遜只不過是一間線上百貨公司，且一直在燒錢一直在虧錢。當時谷歌的假想敵一直是軟體界霸主微軟，所以谷歌的經營策略是緊盯微軟，一直是不靠其服務賺錢，而是以賣廣告為主，商業模式是追蹤使用者的消費行為，透過整合服務來提升其附加價值，來增加廣告量。不過谷歌的缺點是空有服務，沒有社群，沒有消費生態圈，在谷歌提供的眾多的服務之間幾乎都是鬆散的獨立個體，不但不需要帳號使用，連電子郵件帳號、YouTube、其他谷歌服務都是獨立的帳號，因此無法靠其服務賺錢。

亞馬遜則不同，在2005年推出Prime付費帳號時，許多人以為這只是單純的吃到飽服務，亞馬遜之後陸續推出Prime Music、Prime Video、線

圖 1-8：亞馬遜網路策略成功大舉侵蝕實體店面版圖

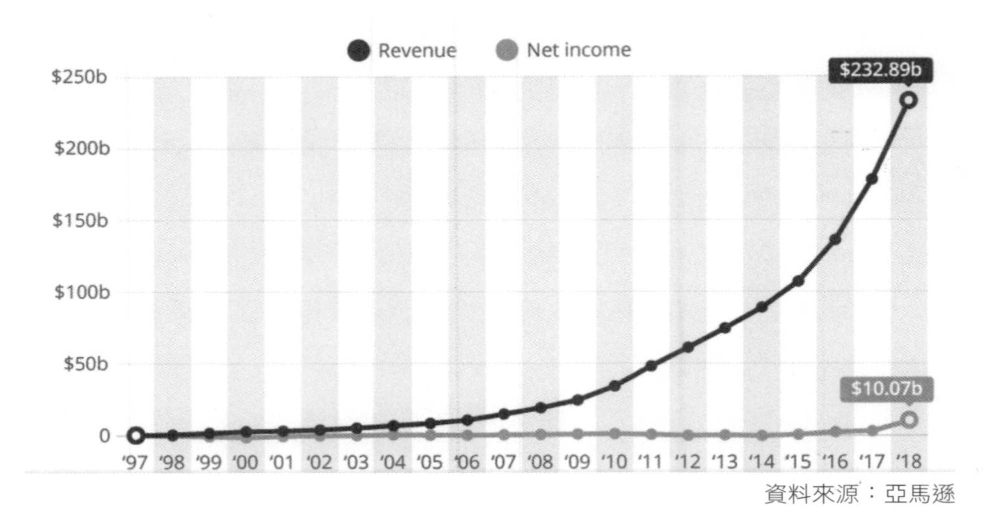

資料來源：亞馬遜

上免費硬碟空間等，因此吸引許多美國人申請Prime帳號，因為其提供太多的服務及便利性，使得Prime用戶願意掏腰包買其他付費產品，用戶在亞馬遜生態圈內消費的金額遠高於一般用戶，亞馬遜在2019年年費進帳約99億美元，超過40％的Prime用戶每年在亞馬遜消費額超過1,500美元，遠比谷歌雖擁有十億用戶龐大資源，但只能創造的人均營收89.5美元，顯然經營效率高出太多。亞馬遜的另一商業思維邏輯是用小魚釣大魚，亞馬遜賣一台平板電腦雖是虧錢生意，但可從內容服務每一台獲得384美元營收的高附加價值。

（4）數位廣告營收成長快速：雖然亞馬遜在數位廣告市佔是遠低於谷歌與臉書，但其成長速度是最高的，市場估亞馬遜的廣告營收可由2019年約125億美元增至2022年的330億美元。

（5）財務操作爐火純青：亞馬遜常不用繳付任何聯邦稅金，亞馬遜最能規避各種銷售稅，應用「美國─盧森堡經營主體─盧森堡殼公司」的避稅架構，及股票期權、虧損抵免等避稅措施，不僅沒繳稅，還讓政府退稅，2017

年稅率-2.5%、2018年稅率-1.2%。

從現金轉換週期分析（CCC）看出亞馬遜在賣出存貨延遲付款的天數越來越久，代表亞馬遜對供應商的議價能力非常強，表示公司常常零成本營運資金。亞馬遜過去常虧損，實際營運活動中所創造的現金流量年複合成長率高達20%，再將現金流量再次投入研發費用，這讓亞馬遜在創新能力上遙遙領先對手。

樹頭若站得住，不怕樹尾做颱風，若全球創新龍頭股如亞馬遜、微軟、谷歌、臉書、蘋果等這些高成長的浪頭上產業依然屹立不搖的話，美股仍將是長多格局，台股將依然會活力十足，處處有投資機會。

（三）人工智慧相關晶片

AI商機龐大，Gartner（顧能）估AI相關的商業價值在2018年時為1.2兆美元，2022年將達到3.9兆美元，台股AI概念股如台積電（2330）、創意（3443）、世芯-KY（3661）等以晶片製造及設計為主軸受惠最大，以創意（3443）為例，曾受益於AI資料中心的高速運算（HPC）訂單及挖礦ASIC訂單強勁需求，在2017年時股價一波大漲350%。

圖1-9：創意因受惠AI題材及比特幣熱潮股價大漲

資料來源：精誠資訊

圖 1-10：AI深度學習突破人腦傳統學習瓶頸

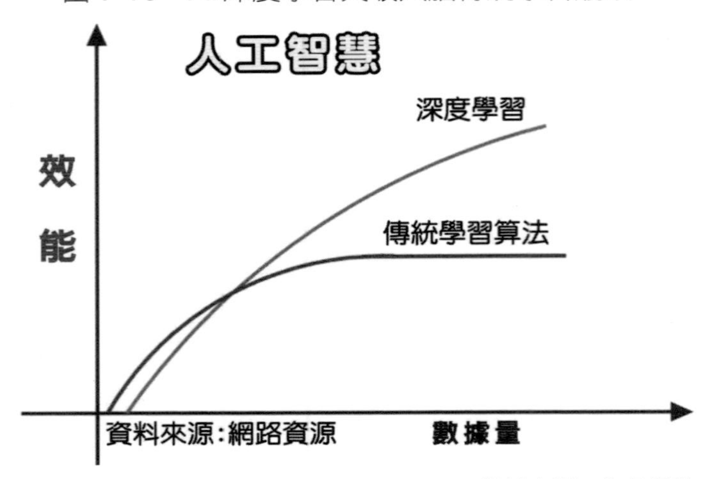

資料來源：作者提供

谷歌設計的AI軟體（AlphaGo）在2016年1月擊敗歐洲棋王Fan Hui，AlphaGo又在當年3月再擊敗韓籍棋王李世乭，AlphaGo再在2017年5月擊敗世界棋王柯傑。另一AI軟體AlphaStar在2019年1月輕易打贏兩位星海爭霸II的電競職業選手，AI的神奇能力蔚為風潮，瞬間AI成為科技界顯學。

在2016-2019年時AI晶片普遍使用繪圖處理器（GPU），因GPU為類神經網路，會不斷地從資料中自行學習。nVidia（輝達）、IBM、阿里巴巴等創新公司經常不斷地推AI晶片，AI各項功能完整性未來將更齊全，AI未來將往機械學習、深度學習發展，突破人類智力瓶頸。由圖1-10看出傳統人腦學習有瓶頸，但AI深度學習是無遠弗屆的。

IBM的醫療AI華生幾乎已可回答所有醫療問題，運算速度較一般人快千百倍，在醫療體系已被廣泛使用。倫敦政經學院的法律AI系統對判決案件的準確度高達79%。估計以此速度下去AI將很快會廣泛被應用在各行各業上，估計將導致失業潮，如銀行要改成咖啡店，主播改機器人來播新聞等，AI產生對生活型態的改變都是經常被提及的話題。

AI晶片也可採用現場可程式化邏輯晶片（FPGA）來設計，FPGA將使AI晶片功能更一躍千里，FPGA估計可超越GPU效能至少5倍以上，強16倍功耗比以上，所以AI效能估至2028年可能比2019年再成長100倍，FPGA廠商賽靈思（XLNX-US）曾因FPGA將大量取代GPU題材而股價大漲，就未來在AI潛力，賽靈思應是首屈一指的。

富國證券估AI晶片銷售值由2018年的42.7億美元增至2023年的343億美元。2018年時中國最大的4家科技公司騰訊（00700）、阿里巴巴、百度（BIDU）、螞蟻金服（ANTF）在AI領域的投資已超過120億美元，比起同期美國亞馬遜、蘋果、臉書等在AI方面的投資還不到20億美元相較高出逾6倍之多，估計未來中國在AI發展潛力龐大，長線上AI仍是創新快速成長產業。

（四）5G產業

高通（QCOM-US）預測全球5G的市場價值將在2035年達到3.5兆美元，5G相關供應鏈商機以5G晶片聯發科（2454）及銅箔基板（CCL）股受惠最大。5G耗電會比4G增加2.5倍，為滿足5G高頻、高速、大數據傳輸等特性，必須升級使用低耗損的高階銅箔基板，聯茂（6213）是銅箔基板廠商之一，2019年股價竟一氣呵成大漲3倍以上，聯發科因5G晶片具競爭力股價曾大漲1倍。

圖1-11：聯發科因5G策略成功 股價在2019年脫胎換骨大漲

資料來源：精誠資訊

聯發科估計應是5G手機最大受惠股，因美國法官在2019年判定高通非法打壓手機晶片市場競爭，要求高通調整其專利授權方法，聯發科在4G所受到的限制，在5G可望獲得專利授權，這將使聯發科5G晶片順利出貨。

聯發科在2019年6月P65晶片在Geekbench 跑分顯示多核5,980分，小於同時期高通的主流晶片S855的10,600分，當時聯發科只是高通中階晶片水準。但聯發科在2019年11月推5G天璣晶片多核跑13,136分，與高通的S865多核13,344分跑分差不多，重點是聯發科售價訂75至80美元，比高通的120至150美元便宜太多，加上聯發科是單晶片，高通是兩顆晶片，廠商較喜愛單晶片，因較不佔空間，因此估聯發科競爭潛力較強。

全球市場估在2022年以前是以5G Sub6頻段為主。由頻段圖1-12可知，4G頻率是在2.6GHz以下，5G的範圍很廣在2.6-100 GHz間，其中的Sub6頻段在2.6-6GHz間，毫米波是在24-100GHz間，低頻段的Sub6（低速窄頻技術）開發重心在頻率3.5-5GHz間，毫米波則以28GHz、38GHz、73GHz為開發重點。因毫米波頻率太高、太寬頻、太高速，因此開發困難度高及材料成本也高，2019年時毫米波天線成本需28.2美元，蘋果、三星、華為用的Sub6天線成本約4.2美元，一般手機用的Sub6天線成本約0.4美元，顯然毫米波太貴。

圖1-12：聯發科在5G技術上全力拚Sub6

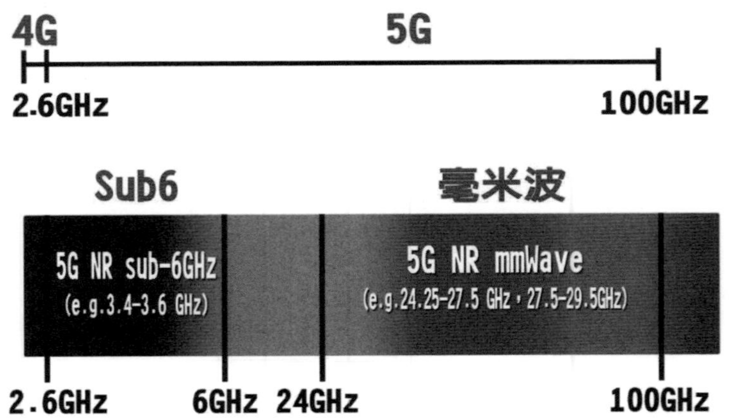

圖1-13：5G是要滿足高頻、高速、大數據、物聯網、區塊鏈等需求

高通策略是順應美國政府規劃而去發展5G毫米波，但聯發科一開始專注低頻段Sub 6，聯發科策略成功，因此聯發科AP市占率在2019年在中國又重回40%，高通受制於5G毫米波晶片開發困難度高，2019年營收呈現衰退窘態。估2022年前Sub6佔優勢，聯發科應是在5G戰役中為最大受惠股。5G佈置基地台零組件內涵價值增加顯著是散熱元件、天線用軟板、功率放大器、光纖及PCB硬板等。

5G基地台覆蓋的密度是4G的5至16倍，光纖用量是4G的16倍，5G的Sub 6基地台估2019年37.8萬台至2022年可達171.4萬台，佔5G基地台總數約9成。愛立信估至2024年底全球5G用戶將達19億戶，工研院估至2026年5G手機將占整體手機65%，這意味5G供應鏈極具潛力。

（五）手機全螢幕趨勢

集邦科技（TrendForce）統計2017年手機全螢幕滲透率僅8.7%，估至2021年估可達92.1%。全螢幕題材也會擴大至平板等其他消費性電子產品，成快速成長產業。易華電（6552）是全螢幕概念股之一，在2017年1月上市，上市之後股價由26元一路漲至156.5元，成為當時新股中最耀眼明星。

圖 1-14：手機全螢幕趨勢曾使易華電在 2018 年股價大漲

資料來源：精誠資訊

圖 1-15：手機螢幕由窄邊框走向全螢幕

由於面板螢幕是給使用者觀感、觸摸、視覺等體驗中最直接的裝置。隨著 AR（擴增實境）遊戲、電競、直播、屏下指紋辨識等的新興應用對螢幕的要求提高，螢幕比超過 80% 以上的大尺寸的全螢幕手機普及率大幅攀高。2019 年時 Vivo 手機螢幕比已達 99.6%，小米手機更達 180.6%，因正反面都有螢幕。全螢幕手機的好處，一來是視覺上更美觀，二來則是縮小手機的面積，可以在同樣大小的手機下塞入更大的螢幕，帶來更好的視覺體驗，同時外觀也會顯得更亮麗。

圖1-16：軟性可摺疊手機趨勢 封裝將改COP塑板

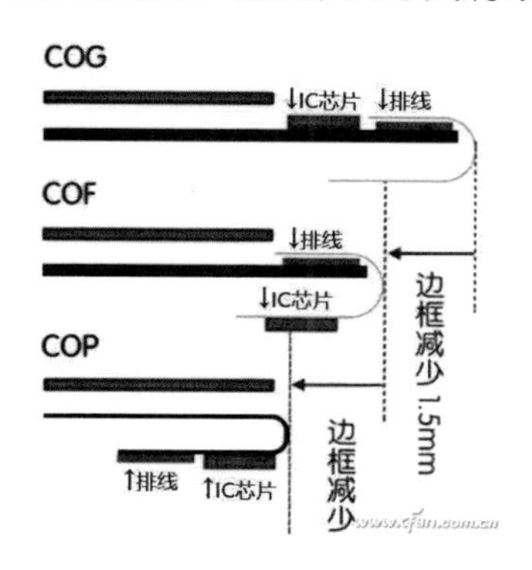

手機的螢幕早期使用液晶螢幕（LCD），螢幕封裝採用玻璃COG（Chip On Glass）材質封裝技術。但因手機在廣角、耗電低、薄度、3D外型造型等需求下，AMOLED面板取代LCD面板是趨勢，AMOLED厚度可做到LCD的3分之1，2018年至2022年大陸中小尺寸AMOLED產能年複合成長率估達59.4%，預期2022年AMOLED面板將佔手機面板產值比重57%。

因AMOLED面板使得手機螢幕封裝需由玻璃改成膠膜，COF（Chip On Film）封裝快速取代COG封裝。手機用COF滲透率在2018年僅1.8%，至2019年2Q就快速竄升至17.9%，加上COF是軟性膠膜捲帶式基板取代玻璃基板，成本較高，技術較高，所以COF較COG價格貴出3倍，因此COF利潤更高。

易華電是膠膜COF（Chip On Film）封裝廠商，2017年全球雙層COF只有3家供應商有Stemco（三星）、LGIT（LGD）及易華電，易華電擁有寡占利益，加上當時TV所使用的COF缺口也高達15～20%，在需求殷切及毛利率大增下，當時法人樂觀估易華電獲利將大幅成長，獲利2018年2.2元，2019年估達7.24元，在全螢幕題材下易華電股價因而大漲。

但全螢幕的封裝技術不斷地在演進中，未來軟性AMOLED面板估會改採塑板COP（Chip On Pi）封裝（見圖1-16），因此廠商須不斷精進技術升級，才能跟得上市場需求，否則很容易被淘汰。

圖 1-17：因資安需求生物辨識需求強，神盾曾在 2019 年大漲

資料來源：精誠資訊

（六）生物辨識

準確市場情報 AMI（Acuity Market Intelligence）估具生物辨識的行動裝置 2017 年 19 億台，至 2022 年將達 55 億台。生物辨識技術泛指身體密碼如指紋、人臉、靜脈、虹膜等，不怕遺失、複製不易、更不用擔心遭人盜用，因資安需求人臉辨識、指紋辨識等成消費性電子產品配備，神盾（6462）是指紋辨識晶片廠商，法人估至 2020 年 2 年內獲利可成長 2.3 倍，2019 年時股價曾大漲 2.7 倍。（見圖 1-17）

指紋辨識起源為 1869 年於英國通過的慣犯法案。法案要求所有的犯者都必須留下可以辨識身分的記錄就是指紋。蘋果於 2012 年收購 AuthenTec（奧森科技）後，在 2013 年推 iPhone 5S 時加入 Touch ID（指紋辨識），感應器放在 Home 鍵的下面，只要手指放上去按下 Home 鍵，就可以解鎖，啟動指紋辨識世代，指紋辨識的滲透率自此一路竄升，由 2014 年的 19% 增至 2021 年的 7 成以上。

指紋辨識技術大致分電容式、光學式及超聲波等，電容式在模組表面設有電流來感測手指的電荷差、溫度差、壓力差，光學式則是模組有鏡頭透過鏡頭照射手指

根據演算法來偵測。蘋果2018年曾放棄指紋辨識，主因手機螢幕趨勢是從窄邊框改成全螢幕，Home鍵就會消失，全螢幕指紋辨識是改用屏下指紋辨識（FOD），使用FOD時指紋需穿透800微米（um）保護玻璃及650um鋁板，但電容式技術穿透力僅有200至300um，因此蘋果手機在2018年時都沒有搭載指紋辨識，以臉部辨識為主。

生物辨識中也有2D臉部辨識、虹膜等技術易被人用照片矇騙過關，且辨識所花費時間較久，因此虹膜手機使用率降低。但根據網路調查喜愛螢幕下指紋高達74%，臉部辨識僅26%，且人臉辨識雷射又有傷人體疑慮，加上光學式指紋辨識製作於AMOLED面板螢幕下穿透效果獲重大突破，因此在2019年時指紋辨識使用率上升至75%，人臉辨識僅13%。

除光學式FOD外，還有超聲波指紋辯識，超聲波感測是經由超聲波感測器掃描皮膚表皮層的細微特徵來辨識指紋，感測時幾乎不受油汙、濕手、玻璃、金屬等不同材質的影響，但2019年11月三星超聲波手機被質疑有資安漏洞，所以指紋辨識仍是以光學式為主流。

指紋辨識將往大面積指紋辨識及超薄指紋辨識模組方向走，大面積指紋辨識技術，增加辨識成功率來增強安全性。超薄指紋辨識模組是因應5G手機耗電須增加電池容量，超薄指紋辨識模組可空出80%空間，生物辨識商機仍極具潛力。

（七）真無線藍牙耳機

里昂證券估真無線藍牙耳機TWS（True Wireless Headphones）2018至2022年複合成長率高達115%。瑞昱（2379）的藍牙SOC單晶片是TWS的核心技術元件，受惠於TWS為浪頭上產業，股價一向溫和的瑞昱在2018年10月股價一路走高大漲146%。（見圖1-18）

藍牙是一種無線傳輸，除傳送檔案外，也可以在小範圍內進行無線通訊。過去都用紅外線，如遙控器可控制電視、冷氣、汽車等，紅外線要對準且距離短，但藍

圖1-18：瑞昱受惠真藍牙耳機熱賣，2019年股價脫胎換骨

資料來源：精誠資訊

牙可穿透阻礙物，藍牙可隨意改變方向，藍牙可把設備連接至區域網路，因此藍牙應用廣泛，藍牙2019年使用量45億顆，估2022年將達53億顆。

藍牙這名稱的來源是來自10世紀的丹麥國王哈拉爾德的外號，這位國王猶如中國的漢武帝、唐太宗、康熙等帝王，攻城掠地開疆闢土，出身海盜家庭的哈拉爾德統一了北歐四分五裂的國家，建立維京王國。由於他喜歡吃藍莓，牙齒經常露出藍色，易利信為紀念其雄才及創新理念，因此將這款無線傳輸技術定名為藍牙。

藍牙耳機2015至2018年每年約維持約7%低成長，加上單價低，因而利潤不高，當時藍牙耳機銷售沉寂。但真藍牙耳機TWS2018～2022年複合成長率卻高達115%，會脫胎換骨主因為：

（1）藍牙5.0版及時推出：新版本比原4.2版本在速度快1倍，傳輸距離多4倍，突破過去傳輸距離限制，連結物聯網更快更遠，能夠讓消費者順暢通過聲音解鎖手機並完成相互指令等。

（2）蘋果讓TWS加速普及：蘋果AirPods做到真正的藍牙左右聲道無線分離使用，蘋果取消3.5mm耳機插孔後，更換最新晶片後更快速，更穩定的無線連接，聲音延遲也可以減少30%，耗電較低，降躁效果佳，蘋果加

速TWS的快速普及讓TWS蔚為風潮。

（3）百花齊放，百鳥齊鳴：華為、三星、小米（01810）、OPPO，亞馬遜等諸多廠商也都陸續跟進相繼發表各具特色的TWS產品，TWS銷售因而暴增。2017年銷售3,200萬支、2019年達1億2,000萬支，估2022年更達2億9,000萬支。

雖然TWS成長率高，但與5G、AI、大數據等不同的是上述市場是廣泛且長久的，但TWS周期性較短，會面臨較大挑戰：

（1）大陸同業正加緊搶食白牌市場，如用售價低於0.3美元去打售價高達1.3～1.4美元品牌產品。TWS價差拉很大，從十多元到上萬元人民幣都有，所以市場紊亂。

（2）TWS晶片業者如高通、絡達等的價格競爭。

（3）消費性電子產品汰換率高，新產品須不斷推陳出新，否則易被淘汰。

技術領先同業股價大漲的案例

（一）多鏡頭商機：大立光（3008）

大立光在2018年蘋果（AAPL-US）手機市佔率曾達72%，在中國市場也曾約達59%。市場佔有率大立光遙遙領先玉晶光（3406）、康達智（Kantatsu）、舜宇光學（2382-HK）等廠商。大立光在2019年時毛利率約69%，大幅優於舜宇光學的約19%、玉晶光的約46.5%、致伸科（4915）的約11.7%，由市佔率、營益率可知大立光在光學鏡頭市場技術領先度。

手機一年產值約在4,600億美元，市場龐大一直是兵家必爭之地，各家手機大廠莫不絞盡腦汁配備最先進最時尚設備，以搶奪這龐大利益大餅。蘋果常被譏為配備最差鏡頭，許多廠牌旗艦機鏡頭在2019年時都已達6,400萬畫素，即使蘋果還是停留在1,200萬畫素，但蘋果手機還是賣的很穩定，賺取手機市場66%的利潤，關鍵在於手機運行順暢度一直保持領先。如2019年時各廠的旗艦機測試跑分結果蘋果約10,375分、華為約9,758分、三星約8,876分、OPPO約8,339分、Vivo約9,046分，蘋果手機順暢度一直保持領先。大立光受惠蘋果長期穩定訂單，獲利由2009年25億元增至2019年約285億元，大立光獲利能有如此的成績，是建立在市場技術領先度、高競爭力、高營益率。

但即使像大立光這樣高獲利的股王，外資也有目標價高達6,200元及低到3,200元南轅北轍的差別，這代表高科技產業未來處處充滿挑戰及不確定性。

外資小摩在2018年9月上看大立光目標價高達6,200元，顯然對大立光前瞻性看好，是基於未來市場潛在想像空間非常大：

（1）多鏡頭趨勢：手機雙鏡頭已是基本配備，已往三顆以上鏡頭邁進，第三鏡頭或第四鏡頭可設計更廣角或更長的焦距或夜拍等功能或增設飛行時間測距（TOF）。在2019年時三鏡頭單價在5.5至7.2美元間，遠高於雙鏡頭的2.5至4.4美元，這顯示三鏡頭以上趨勢對鏡頭廠商利潤增加大有幫助。互聯網資訊網（Counterpoint）估三鏡頭以上手機滲透率2019年15%，2021年底達到五成。四鏡頭滲透率也成長快速，2019年約4%、2021年估可達25%。

（2）主相機搭載4,000萬畫素以上規格的比例大幅增加：光學鏡頭2018年44.3億顆，2021年達54.7億顆，2019年4,000萬畫素以上已達5成以上，1億畫素鏡頭將讓光學鏡頭廠利潤更佳。

（3）往7片塑膠鏡片（P,Plastic）以上方向走：高階光學鏡頭陸續往7P、8P以上走。7P比6P製作困難度大增，單價至少高出20%至40%，7P鏡頭2019年的滲透率約9%，估2022年約51%。

（4）潛望式鏡頭：光學變焦倍數越大，能拍攝的景物就越遠。目前光學鏡頭的排列方式是直立排列，未來若要做更高倍數變焦如5倍變焦、10倍變焦，或鏡頭要做的更薄，就要改成潛望式橫躺式排列方式。

潛望鏡式變焦鏡頭俗稱「內變焦」鏡頭，在2019年時華為P30開始用潛望式鏡頭，模組價格約56美元，高於其他旗艦機鏡頭模組價格約34至44美元，這表示潛望式鏡頭的利潤更佳。北京市場研究公司群智諮詢（Sigmaintell）估潛望式鏡頭滲透率2019年約1%，2023年17%，2025年產值應可達1,300億美元以上。

（5）3D感測手機：蘋果推3D感測手機其目的是玩AR遊戲及人臉辨識。其中為玩擴增實境（AR）而裝配的飛行時間測距（TOF）是景深映射技術，利用雷射發射出紅外光，照射到物體表面反射回來，主要目的在改善拍照景深效果及擴增實境（AR）。

飛行時間測距（TOF）屬3D感測手機，Yole（法國市場研究公司）估3D感測手機滲透率在2019年約13.5%、2023年可達55%。

（6）車載鏡頭：未來一台電動車至少需7個鏡頭，一台車子若要裝360度環景鏡頭需36個鏡頭，市調機構錫安市場研究估車用鏡頭產值至2025年將達154億美元，2019年至2025年年複合成長率約10.6%。

（7）無人商店需求：如亞馬遜（AMZN-US）Go計畫大舉發展無人商店提供更便利購物，估計每一商店內所需的鏡頭在數百顆以上，以便在生物辨識、商品感應等進行優化。

小摩估若上述商機發展順利的話，大立光年獲利估294.94元，以21倍本益比（PE）評價便算出6,200元目標價。

但瑞銀在2019年1月目標價卻只訂3,200元，是哪些隱憂讓他們訂出和6,200元這種南轅北轍的目標價呢？

（1）大立光面臨市場搶單及產品降價壓力：競爭對手玉晶光在蘋果的廣角鏡頭市佔率2019年已達65%，超廣角鏡頭已達80%，顯示競爭對手競爭壓力大。陸廠舜宇、丘鈦（1478-HK）、歐菲光（002456）搶單嚴重，低階鏡頭有降價壓力。

（2）G（玻璃鏡頭）+P（塑膠鏡頭）取代純塑膠鏡片：G+P可解決鏡頭凸出問題，玻璃鏡頭較塑膠鏡頭有切薄及散熱優點，G+P優點是鏡片可切薄及變焦倍數可放大，大立光在G+P鏡頭尚未看到競爭力。

（3）3D感測鏡頭市場偏好用半導體晶片：大立光3D感測鏡頭發射端訂單，瑞銀估不易接到。

假設以上不利變數等條件成立，大立光獲利估約僅每股200元，若換算PE約16倍，因此才會有3,200元這麼低的目標價。

即使像大立光這樣高獲利高市佔率公司，競爭壓力都非常大，因此投資人操作時需不斷注意獲利，競爭者策略及客戶端態度變化。

圖1-19：大立光評價高低點差距大，代表高科技產業未來充滿挑戰

資料來源：精誠資訊

（二）全螢幕觸控面板感應晶片（TDDI）：聯詠（3034）

聯詠2008年獲利由新台幣35億元，估至2021年提升至約100億元，市值也由200億元曾增至1,400億元以上，主要是聯詠競爭力及研發力實力強勁。

聯詠發展全螢幕觸控面板感應晶片（TDDI）雖起步最晚，但很快地市佔率由9%衝至50%，遠高於敦泰（3545）、新思（SNPS-US）。聯詠每次都能掌握每波產業世代交替商機機會，2019年股價大漲1倍，就是建立在有效掌握產業趨勢及高研發能力。（見圖1-20）

聯詠是驅動IC設計廠商，驅動IC的主要功能是輸出需要的電壓至像素，以控制影像定位。手機從窄邊框走向全螢幕，須先將驅動IC與觸控IC整合成一顆TDDI晶片，才能有效節省組件空間，進而減少邊框的寬度並可降低手機的厚度，因此TDDI是全螢幕是否能成功最重要的關鍵。

全螢幕手機在2017年開始萌芽當時滲透率約8.7%，當時市場幾乎由美廠新思獨霸；2018年全螢幕滲透率快速拉到41.8%，雖然聯詠推出TDDI時程較晚，但

圖1-20：聯詠因高市佔率、高競爭力 2019年股價成漲倍股

資料來源：精誠資訊

扣除蘋果、三星（兩者TDDI是自行設計）外，聯詠TDDI市佔率迅速由9%很快衝至50%。IHS Markit估全球TDDI出貨量2017年3.1億顆，增至2022年8.93億顆，集邦科技估全螢幕滲透率在2019至2021年由55%提升至92%，手機全螢幕化是趨勢。

聯詠曾在2012年至2014年時股價由61元大漲至199.5元，主因是當時推出電視系統單晶片，將影像IC、螢幕顯示IC、時序控制IC、CMOS等多顆IC整合成一顆系統單晶片。聯詠因2014年順利打入三星供應鏈後，聯詠的電視SOC出貨量突破3,000萬顆，相較2013年年成長1倍，聯詠已展現具有研發能力及高競爭力公司。

中國面板廠京東方（000725）、天馬（000050）等廠AMOLED面板陸續開出，AMOLED面板2022年手機滲透率57%，AMOLED面板供給大增。AMOLED所使用的驅動IC價格較高，在2019年時價格約4至5美元，遠高於TDDI的1.5美元，高畫質電視驅動IC的1美元，對聯詠獲利大有幫助。聯詠新世代產品是計畫將TDDI晶片再與屏下光學指紋辨識IC兩顆晶片整合為單晶片，聯詠技術領先市場，因此前瞻性看好。

（三）感測器相關廠商：矽創（8016）及其子公司昇佳（6732）

手機由窄邊框走向全螢幕化是趨勢，蘋果手機有瀏海（如圖1-21），瀏海上面除紅外線投射器去做人臉辨識外，上面也有感測器去抓正確人臉位置，因此蘋果手

圖1-21：蘋果手機瀏海造型普遍覺得不優實在不符合全螢幕要求。

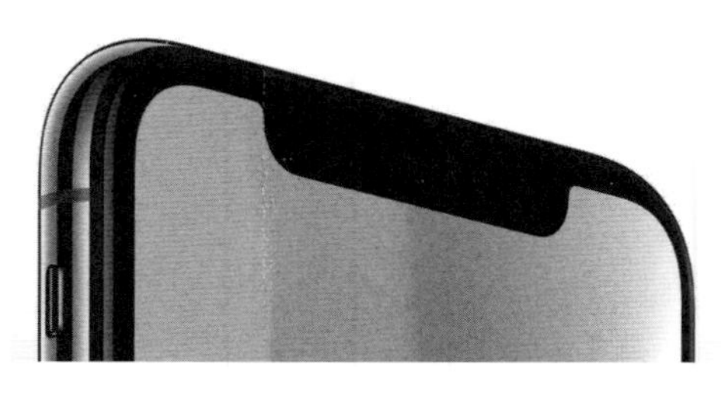

機的人臉辨識準確度高達99.99％，但有瀏海將使螢幕比才只有82％。iPhone是最暢銷的智慧型手機，3D感測人臉辨識是蘋果劃世代的創新鉅作，但人臉辨識是瀏海造型，雖然感測器可直接感應，準確性高，但外型為眾多消費者所垢病，普遍覺得不優，實在不符合全螢幕要求。

為符合真正全螢幕要求，因此有水滴手機或真全螢幕推出。但若要設計真全螢幕手機，就必需將感測器改放在螢幕下面，因螢幕保護玻璃厚，加上需貼保護貼，因此在螢幕下的感測器通常感觸不到，需改用微縫屏下感測器。全螢幕須先設計導光柱，擴大光源轉接到微縫屏下感測器，所謂微縫屏下感測器有兩顆晶片，先用長距離感測晶片去辨識人臉或指紋位置，再用屏下感測晶片去解鎖，這樣感測方式會最有效率，全螢幕趨勢顯示微縫屏下感測器成長空間大。

在2019年有能力生產微縫屏下指紋辨識產品只有奧地利微電子（AMS）及矽創持股50％的子公司昇佳兩家。昇佳坐享寡佔利益，法人估昇佳獲利2019年成長62％，2020年成長40％，股價因而大漲125％；矽創2019年成長53％，2020年估成長34％，股價大漲178％（見圖1-22），昇佳是技術領先同業股價大漲案例。

圖1-22：矽創因微縫屏下感測器烏鴉變鳳凰，在2019年股價大漲

資料來源：精誠資訊

感測器可應用範圍很廣，如重力感測器過去是應用在行車記錄器，感應劇烈晃動，在汽車上的應用如倒車報警系統，它可以在車距離後面物體很近的時候發出警報，並隨著距離的變近，而警報頻率越高及測試車與車的距離等等。如距離感測器也大量應用在手機手遊需求，可用來解鎖或鎖定手機，及自動感應靠近耳朵就是聽電話，遠離耳朵就會自動關閉螢幕可省電。

（四）高技術門檻中央處理器基座廠商-嘉澤（3533）

嘉澤（3533）是全球第二大中央處理器（CPU）Socket基座廠商（如圖1-23），市佔約2至3成，僅次於鴻海（2317）。因CPU插座基腳數量愈來愈多、愈來愈密，因此能獲認證的廠商愈來愈少，目前獲英特爾（INTC-US）認證僅3家供應（鴻海、嘉澤、美泰科Tyco），超微陣營也只有兩家（鴻海、嘉澤），嘉澤技術優勢因而左右逢源坐享寡佔利益。

圖1-23：CPU Socket基座接腳工藝困難

伺服器在雲端、大數據、資料中心、區塊鏈、物聯網等需求下成長穩定，電子時報估2019～2024年全球伺服器出貨量年複合成長率約6.5%。CPU基座使用插針網格陣列（PGA），接腳數量越多，針腳必須越做越細且密度越高。伺服器的CPU基腳數越來越多，工藝越來越困難，英特爾伺服器Grantley平台時CPU基腳數是2,011個，Purley平台時CPU基腳數就高達3,649個，到Whitley平台則高達4,189個，Eagle Stream平台需5,000個以上。愈新一代的平台CPU基腳數愈多，雖然製作越來越困難，但做得出來營益率就越來越高。嘉澤的營益率2016年8.21%，估到2019年上升至17.4%，獲利成長6.6倍，股價3年內漲幅高達3倍。（見圖1-24）

連接器一般觀念是銅材、塑膠粒、金屬合成沖壓、再鍍金的產品，其功用在資料傳輸。連接器廠商產品的分類繁雜，但給人印象是低利潤產品，如電子線的萬旭（6134）營益率曾是-0.23%，3C產品的正崴（2392）為0.18%，手機的連展投控（3710）為-1.38%。但用於PC、伺服器平台嘉澤則高達17.4%，很顯然用於伺服器的連接器工藝困難度最高、因而利潤最高。

其實鴻海的發跡是靠CPU用 Socket（插用）基座連接器，當時IC插座連接器每年維持30%成長率，鴻海IC插座連接器的毛利率可達20%以上，非一般連接器的5%至6%水準。嘉澤是IC插座連接器廠商因技術領先同業，雖然伺服器2018年約1,127萬台（年成長約5.9%），但嘉澤在伺服器營收2018年時是大幅成長60%，這顯現嘉澤因技術領先獲得更大的業績成長力。

圖1-24：嘉澤雖是小廠商卻能跟大廠分庭抗禮，股價連著3年大漲

資料來源：精誠資訊

嘉澤也有小金雞嘉基（6715）挹注獲利，市場趨勢為NB輕薄化，取消內建光碟機，也陸續減少插口，甚至只剩Type C，其他連接線都改用擴充基座連接，因此會帶動外接線材及擴充基座的需求，尤其是高階雷電（Thunderbolt）連接線利潤更高。在傳輸速度上外接線傳輸速度愈來愈快，如Thunderbolt 3的速率達40GHz遠 高 於Thunderbolt2的20GHz、USB3.1的10GHz、USB3.0的5GHz，先進Thunderbolt外接線有利線材廠商嘉基長線獲利。

（五）人臉辨識3D感測相關廠商-穩懋（3105）

2017年時蘋果推3D感測人臉辨識手機，當時號稱雙胞胎、帶墨鏡或留長髮、留鬍子都能辨識，準確性達99.99%，這項人臉辨識技術靠面射型雷射（VCSEL）完成，VCSEL這名詞才聲名大噪。

市場研究機構SBWire認為全球智慧型手機用的3D感測產值從2016年的12.92億美元，估將成長至2026年25.57億美元。法國產業研究機構Yole估VCSEL市場規模從2018年至2024年複合成長率達31%。蘋果VCSEL訂單是由美廠LITE（Lumentum）承包，穩懋是LITE的代工廠，穩懋因獲得蘋果大訂單及技術領先同業，股價在2017～2018年時大漲288%。（見圖1-25）

砷化鎵（GaAs）屬Ⅲ-Ⅴ族元素，具高頻、低雜訊、高效率及低耗電等特性，因此多用於高頻通訊元件如LED、雷射二極體及高速電晶體等。應用上以手機為最大宗達75%、區域網路佔18%。

砷化鎵屬第二代半導體材料，早在2000年開始發展，砷化鎵的光電性能比矽（Si）更佳，主要是要取代第一代半導體材料矽與鍺的市場。砷化鎵股博達當時宣稱訂單多到3年也做不完，當時一支手機平均使用4顆磊晶片，手機市場估有4億支，以當時全球各廠產能全力量產，也無法供應這4億支手機需求，所以看好砷化鎵前景。當時博達又有三菱投資及住友的策略聯盟，博達營收成長速度非常快，由1999年營收40億元增至2001年達81億元，在2000年4月時砷化鎵股博達股價曾

圖1-25：穩懋受惠蘋果手機採人臉辨識，在2017年股價大漲

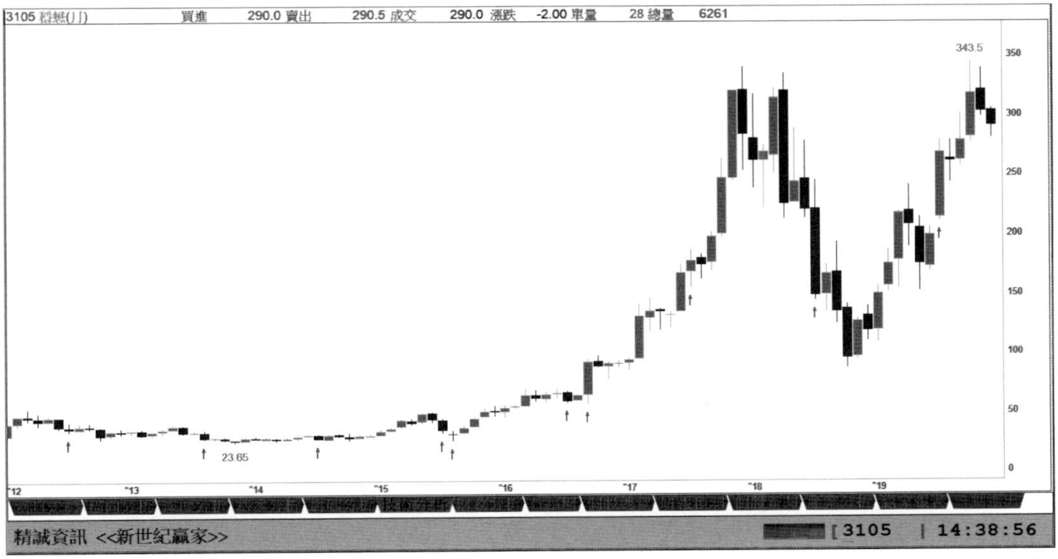

資料來源：精誠資訊

漲至368元，還曾一度登上股王寶座。

但博達2002年時獲利忽然大減至損益平衡點，就出現不尋常跡象。從財報發現博達的應收帳款天數從93天拉長到190天的左右，經調查嚇然發現博達虛設3處海外人頭公司，又在英屬開曼群島虛設五家人頭公司，將廠內生產的電子瑕疵品包裝成正常的砷化鎵磊晶片，出售至上述人頭公司，用假銷貨製造業績，經此事件衝擊博達在2003年大虧10.43元，因營運無法改善，在2004年6月宣布重整。

市場本估手機AP速率若超過1GHz就會改用砷化鎵，但手機AP都已達2GHz以上，因矽、鍺品質不斷改良，因此效能越來越強，市場大多仍沿用矽、鍺產品。2002年至2014年期間砷化鎵屬最先進高科技技術都還在摸索階段，因良率始終不高，砷化鎵業者普遍獲利不佳，當時台灣在砷化鎵投資近百億元，至少賠掉一半以上。至2019年砷化鎵在半導體材料市場佔有率也僅20%，半導體市場仍以矽、鍺為大宗。

2015年起砷化鎵產值明顯突破是因4G手機的興起，4G手機使用的功率放大器（PA）約5至7顆是3G的兩倍，PA的功能是將輸入的內容加以放大並輸出，PA的主流技術是用砷化鎵，4G基地台及先進WiFi使用PA的顆數持續增加，射頻模組內的PA、天線、降雜訊放大器等多採用砷化鎵材料。加上2017年時蘋果推3D感測人臉辨識手機助益，砷化鎵族群以穩懋為例，2017年獲利由2元水準增至9.34元。

3D感測模組是由面射型雷射（VCSEL）、繞射光元件（DOE）、發射模組（Tx）、接收模組（Rx）等組成，其中以面射型雷射、繞射光元件潛力最強。VCSEL是紅外線光源，若沒有VCSEL手機就無法發射及接收，無法做到臉部辨識。VCSEL磊晶層數達300至400層，比LED的10至20層高，因此準確度愈高，更小型化，更低功耗。VCSEL可利用傳統的半導體製造設備來製造可減少成本，VCSEL也不會出現傳統雷射的暗線，使壽命極長，雖然VCSEL價格較貴，VSCEL取代LED仍是長期趨勢，VCSEL概念股穩懋、宏捷科（8086）等有利。晶電（2448）雖是LED廠商，但2018年分割的子公司晶成積極擴產VCSEL產能，也是VCSEL概念股。

3D感測模組技術除蘋果手機採結構光設計，估飛時測距（ToF）技術也會廣泛使用，ToF距離可測5至10公尺，遠高於結構光0.3至1公尺。但ToF在精度上不如結構光。但結構光技術有著幾個難以突破的限制，例如在陽光下的使用會受到影響。ToF較便宜具價格優勢，但其缺點在微波的耗電大，容易有發燙問題。因此ToF主要功能是用來提升照相景深效果和擴增實境（AR）功能，結構光主要用於人臉辨識。

雖然砷化鎵要完全取代矽與鍺並不容易，但穩定成長是趨勢。全球手機射頻前端和組件市場2017年到2023年年均複合成長率約14%。另一砷化鎵產業的動能來自物聯網的快速成長，物聯網產值2018年至2026年年複合成長率26.7%。3D感測技術應用在智慧型手機外，還可結合虛擬實境（VR）、擴增實境（AR）打造新的3D遊戲體驗。5G也是砷化鎵最大應用，5G手機需要支援更多的頻段，半導體協會（SEMI）估VCSEL市場規模從2016年至2022年年複合成長率成長約17.3%。隨著技術進步，更可擴及無人機、工業機器人、安全監控、自駕車及遠端醫療照護等領域應用，顯示VCSEL將穩定成長。

但投資3D感測概念股也需注意投資風險，原因有：

（1）因產能大增，價格易跌：當市場起飛加入廠商增多時，產量便大增，產品價格將易跌難漲，3D人臉辨識模組價格曾一年由25美元跌至17美元。

（2）其他生物辨識具替代性：如指紋辨識價格便宜，在2018年時使用指紋辨識約75%、人臉辨識13%，市場還是習慣指紋辨識。3D感測產值2018年成長131%，非常火熱，但2019年產值成長率估降至26.3%，降溫快速。

業績獲最佳進步獎——股價大漲的案例

雖然所處產業成長並不快速，但只要是經營績效超高的企業都值得投資。以台表科（6278）為例，為面板表面貼焊技術（SMT）大廠，雖然面板產業景氣不佳，產業供應鏈如彩色濾光片、偏光板、背光模組等都業績欠佳。但台表科因受惠中國面板廠如華星光、彩虹光電訂單，2019年獲利估大增153%，推升股價大漲360%。

再以康控-KY（4943）為例，雖然手機使用的麥克風價格均呈年年跌價趨勢，但2017年蘋果手機使用的麥克風改採埋入成型（Insert-Molding）技術，是麥克風裡埋入矽膠、尼龍等軟件，這樣就有防水功能，可使單價提高30%。康控-KY當時營收大幅成長111%，獲利由1.52元增至10.53元，股價因而大漲12.7倍。

再以軟體股緯軟（4953）為例，雖然台灣產業軟體不如硬體發達，長期以來軟體股如敦陽（2480）、零壹（3029）等股性都不活潑。但軟體股緯軟2018年營收年成長42%，主要受惠全球超大型資料中心數量高成長，4G通訊是加速人與人之間的交流，5G通訊是加速人與物及物與物商機，緯軟2018年時獲利成長105%，股價受惠大漲147%。

（一）金融股中績效出類拔萃-中租-KY（5871）

由圖可知中租在2019年時股價不斷地創新高，跟其他金融股股價表現相較是南轅北轍。中租-KY股價表現佳係因經營績效良好，如 2019年存放利差7.32%，高於國銀1.35%；股東權益報酬率（ROE）約23.6%，高於國銀約9.31%；如應收帳款淨額年成長約20%，資產報酬率（ROA）約3.68%。2019年獲利約168億元，三年內獲利大增2倍，所有績效指標都顯示中租-KY經營非常亮麗。

台灣金融股因利差小，海外避險成本高，常被譏有賺白菜利潤扛賣白粉風險。在台灣金融股評價較低，因此有70%以上的金融股其股價淨值比（PB）值經常小於1。

台灣銀行股在1990年國泰人壽股價創造1,975元高峰後，因股市由12,682點跌至2,485點拖累，房地產在1991年至2001年時不景氣長達10年之久，以國建（2501）為例，1990年之前獲利都在10元以上，股價曾漲至122元，但至2001年房地產谷底時國建竟虧損0.23元，股價跌至6.15元，足見當時房地產低迷慘狀。

金融股禍不單行，在房地產慘狀稍戢時，2000～2001年又發生網路泡沫，網路股eBay（EBAY）1年間由135美元跌到30美元，狂跌78%，網路公司形成倒閉潮，2001年第三季美國經濟出現1.3%的負成長。國銀逾放比2002年3月達到最高峰的11.76%，2002年政府只好啟動一次金改約花費1兆元，積極協助銀行業清理不良資產打銷呆帳，國銀逾放比因而降至2003年底的4.33%。

在一次金改結束後，信用卡、現金卡風暴又逐漸形成，2000年時雙卡發行量約1,830萬張，但至2005年已飆升達1.32億張。2004年10月政府被迫進行第二次金改，金管會推行補破網方案，如限制信用額度不能超過月薪的22倍，如禁止浮濫辦卡鼓勵循環信用轉為個人信貸，如循環利率降到15%等措施。這些措施確實使信用卡循環餘額由2005年11月最高峰4,900多億元降至2016年的低檔1,000多億元，現金卡放款餘額從3,100多億降到250億左右，顯見緊縮政策已達到效果，國銀2004年逾放比3.28%，2008年明顯降至1.52%。

不幸的是2008年全球發生金融海嘯，各國政府大舉撒錢救經濟，美國1.95兆美元、歐洲2,600億歐元、日本4,370億美元、中國5,680億美元等。歐、美、日各國央行也相繼實施量化寬鬆（QE）政策，在撒錢及QE政策下引導下全球利率走跌，再次衝擊銀行業存放利差，2009年國內銀行利差曾下滑至最低點1.22%。

從2002年開始約10年時間政府總計花費2.13兆元來打消呆帳，算是付出慘痛代價。2009年金融海嘯後經過10年經濟成長，至2019年國銀利差僅回升至約1.35%，利差無法恢復往日2.63～3.22%榮景，顯見國銀僅靠存放款利差來獲利已非常辛苦。國銀需多角化經營，希望開放純網銀能帶來鯰魚效應。如AI金融智能理財，以智能演算法提高平均報酬率至17%。如區塊鏈跨行支付工具，能夠創造所有參與者都能信任之機制等金融科技創新。

投資租賃股因高利潤也需注意高風險，需注意下列風險：

（1）租賃股逾放比比國銀高，租賃的風險較高，需嚴格控管逾放比。

（2）中國影子銀行風險：影子銀行是指資產負債表外，財富管理產品包括銀行一些理財產品、非銀行金融貸款、民間借貸、民間融資、擔保公司及租賃等。中國影子銀行金額龐大，中國倒債金額逐年增加，需注意租賃業倒帳風險。

（3）租賃股的中國客戶多為當地的中小企業，雖有很大的開發空間，但中小企業應變景氣惡化的能力較弱。

（二）掌握關鍵技術-遠端控制晶片（BMC）信驊（5274）

信驊在2019年時營益率約40.7%，ROE約33%，經營績效一直維持穩健，遠端控制晶片（BMC）市佔率高達65%。2015年時獲利約10.79元，外資麥格里在估2022年獲利可達44.96元，業績可獲進步獎，因此信驊連續2年上漲，漲幅達272%。（見圖1-27）

信驊的BMC為主機版管理控制器，主要作用是提供管理者能夠直接對於伺服器硬體管理，因為伺服器的功能較個人電腦更為複雜，BMC負責管理資料流量、協助CPU運作、遠端管理、故障預測、效能調校等。信驊在原先的BMC加入了2D圖形控制器及多工器IP控制器，可提供伺服器功能齊全且先進的功能，因此市佔率高。

全球伺服器出貨量中約40%為白牌伺服器，早期信驊的BMC主攻白牌市場，白牌伺服器的BMC需要綁韌體，不同的韌體並不相容，信驊因早日進入市場搶得先機，後進業者不易獲取訂單。企業自建伺服器所要花費的成本較高，包含硬體、空間、管理等。付費租用網路空間並委請專業的網路服務商來管理成為趨勢，因此過去自製BMC的廠商如HP將陸續改採外包，加上Intel新Whitley平台估2021年

圖1-27：信驊因經營績效一直維持穩健，一直獲法人青睞

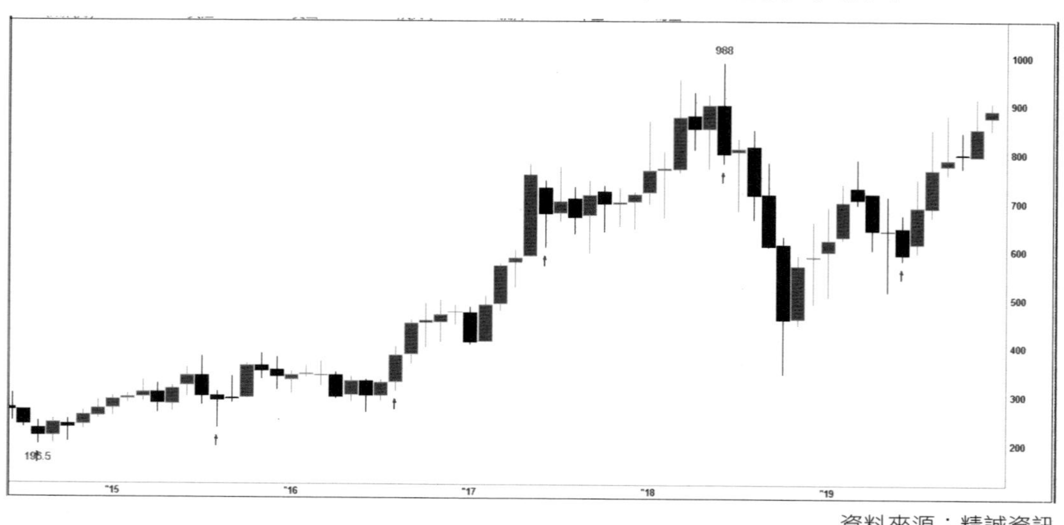

資料來源：精誠資訊

伺服器會有換機潮，估大廠積極外包釋出訂單對信驊有利。

邊緣運算起飛對信驊極為有利，一個伺服器有兩顆CPU，同時使用一顆BMC，未來在邊緣運算之下，使用小型伺服器的數量會增加，小型的伺服器當中可能就只需要一個CPU配一個BMC，因此BMC的用量將會增加。

Youtube於 2015 年推出360度全景影片後，市場慢慢增溫，VR虛擬實境使用量增加。信驊推出6 鏡頭360 度全景相機專用影像處理晶片，可達到完美即時影像拼接技術，因平均單價高於 BMC，且成本相對較低之下，可提升信驊毛利率表現，估可使信驊在2018至2023年的營收倍增。

即使投資信驊這類高營益率績優公司，仍須注意投資風險：

（1）財報經營績效及獲利能力變化。

（2）BMC後續市佔率變化：因新唐（4919）等新競爭者不斷加入。

（3）新產品360度環景攝影圖像壓縮晶片、邊緣運算、新Whitley平台、大型戶外看板對影音晶片等需求商機發酵點。

（4）微軟、亞馬遜等雲端大廠建置雲端進度。

（三）掌握高速傳輸商機-傳輸晶片模範生祥碩（5269）

祥碩在2019年時營益率約31.3%，股東權益報酬率約40%，經營績效佳。受惠於雲端、大數據、網路流量等的需求帶動高速介面傳輸大幅成長，及最大客戶超微（AMD）市佔率攻城掠地，2016年至2018年獲利成長1.7倍，里昂更是樂觀估祥碩2021年獲利是2018年的1.04倍，祥碩股價從2016年起漲，3年漲幅3.7倍。（見圖1-28）

祥碩業績起飛主要是受惠主力客戶超微（AMD）市占率大幅攀升。超微晶片微縮技術在2019年獲重大突破，率先推出7nm先進產品，因對手英特爾技術停留在14nm，僅一年時間市占率明顯增加，AMD資深副總裁表示，2019年年底桌上型電腦（DT）CPU市占率由2018年年初的12.2%增至25%，筆記型電腦CPU市占率由8%增至17%，伺服器CPU市占率由1%增至5%。祥碩搭配AMD CPU的晶片組是台積電獨有的封裝技術，一來可壓低CPU生產成本，運算效能又優於競爭對手10%至15%，報價可降至6至7折水準，因此祥碩很有競爭優勢。

超微（AMD-US）在2006年時購併當時最大繪圖晶片廠亞鼎（ATI），ATI是第一大的繪圖晶片公司，領先第二大的輝達（NVDA-US）。但2012年時輝達與史丹佛大學的AI研究團隊合作，AI用GPU（繪圖處理器）運算為主流，輝達GPU深度神經網路的運算速度大躍進。輝達因AI技術領先市場，輝達在獨立型GPU市占率高達65%，大幅領先超微的35%，輝達股價由33美元漲至177.5美元，漲幅超過5倍，市值由200億美元衝至1,563億美元。超微因市占率敗退，市值僅是輝達的1/10。

但市場又發生戲劇性變化在2019年，超微2019年年初發表7nm產品，但輝達的同等級晶片還停留在12nm，遲遲無法有效突破，自此約1年時間超微市值增加超過3倍，輝達少掉500億美元以上，兩者市值縮小至3倍以內，祥碩也因受惠

圖1-28：祥碩受惠AMD崛起，從2016年開始多頭上漲格局

資料來源：精誠資訊

超微的東山再起股價大漲。

高速傳輸晶片是祥碩的強項，USB（Universal Serial Bus）通用序列匯流排是連接電腦系統與外部裝置的一種序列埠匯流排標準，也就是一種輸入輸出介面的技術規範。原有主流規格是USB3.0（傳輸速度是5Gbps），升級的USB3.1速度快1倍達10Gbps。USB 3.2是再翻倍可達20 Gbps。祥碩受惠超微晶片陸續升級至USB 3.1與3.2，重點是USB3.1價格是3.0的3至5倍，因此升級產品利潤很高，因此獲利三年成長1.7倍。

Type-C充電轉接頭，最好用的一點就是充電不需要考慮插頭方向，Type-C 是對稱式介面設計，不用考慮正反面，速率可達10Gbps。自從Apple將其產品的3.5mm耳機孔接口改Type C之後，Type C滲透率在2018年時筆電約73%，智慧型手機約29%；Type-C 2018年出貨約20億顆，估2021年50億顆，因此成長動能強。

祥碩代工超微高階支援PCIe Gen 4的X570晶片組、中低階PCIe Gen 3、USB

圖1-29：儒鴻高成長是跟得上主力客戶Nike等國際品牌創新要求

資料來源：精誠資訊

3.1與3.2.Type C.PCIe晶片等，都是維持高營益率的商機利基點。祥碩另一成長動能是超微與微軟將合作雲端遊戲、微軟其新一代Xbox遊戲機將使用超微晶片。

但投資祥碩這類高營益率公司，仍需注意下列風險：

（1）太靠單一客戶超微：超微續航力能維持多久？超微競爭者英特爾、輝達仍是很強競爭者，隨時有技術突破可能。

（2）主力客戶可能會增加內部自製率：超微為降低經營風險也會增加內部自製率，因此祥碩需有效分散客源。

（四）掌握運動、潮流、創意-機能性針織布廠商儒鴻（1476）

紡織業常被戲稱夕陽工業，但機能性針織布廠商儒鴻2008年時獲利僅1.93億元，2015年時獲利大幅增至41.74億元。營益率2008年時5.96％至2015年時達18.96％，股價由30.7元漲至549元，儒鴻突破紡織股以往夕陽工業的刻板印象。

紡織產業過去曾輝煌一時，出口值佔全國總出口值的比例在1972年曾達27.3％，1991年時出口金額紡織119.9億美元，大於電子81.8億美元、機械68億美元、塑膠51.7億美元。紡織產業產值過去曾佔台灣GDP12％，是當時我國最大產業，不過已降至2.4％，重要性降低。

1970～1980年紡織股叱吒風雲，遠東新（1402）的BVD內衣、中紡的三槍牌宜而爽、廣豐（1416）來福牌毛巾、利華（1423）羊毛、東華亞克力棉、南紡（1440）太子龍學生服等都曾鋒芒畢露。傳產業如紡織業、製鞋業產業進步速度得很慢，經營模式重點在全球找便宜的勞工，追求最低的成本。遠不如高科技產業的創新是一日千里，因此傳產股在台股股價活潑度不如電子股。

在2011年紡織、運動產業經營模式發生重大改變，品牌廠商Nike（NKE-US）、LULU Lemon（LULU-US）、Under Armour（UA-US）等大廠在美國設立研發中心積極創新，行銷手法也大幅翻新：

（1）產品設計啟用最先進科技：使用高科技產品如3D掃瞄器、3D列印機、機器人手臂等，掃描運動員全身，以便設計最適合運動員的產品。

（2）設置了虛擬體感互動的試穿體驗空間：如Nike特別在西門町的籃球體驗店中，設置試穿體驗空間，讓球迷藉由專業科技的輔助，模擬測試以找出最符合自身需求的鞋款，體驗者可以穿上NIKE籃球鞋與HBL球員進行虛擬對戰，透過滑步移動、橫向控球、防守對位、實際感受球鞋的抓地力及緩震力。Nike新鞋用戶也可透過Apple Watch及Siri執行命令，來完成綁鞋帶的動作。UA全新跑鞋宣傳重點是對抗地心引力零重力的品牌精神。

（3）產品多樣化：如依運動環境溫度來分熱裝備（24℃以上）、全季裝備（12～24℃）、冷裝備（12℃以下）等。

（4）吸引力的創意廣告：如柯瑞所穿的那雙球鞋，讓美國運動品牌廠商UA業績大好享盡NBA紅利。如I Will What I Want（成就我要成為的）芭蕾等廣告，讓UA幹掉Adidas，成為全美第二大運動品牌。

Nike源生意義就是希臘神話中長著翅膀的勝利女神，她是神體之美與人類英雄勇武的融合，來彰顯運動之美。所以Nike很重視口訣，Just do it（去做就對了）讓Nike邁向成功之路。

（5）創新的運動整合平台模式：如Nike建立了一個Nike運動生態系，包含運動App、實體跑步課程等多元服務。

（6）銷售通路大革新：如亞馬遜網路重視對消費者的服務，避免山寨產品在亞馬遜網路販售，建立消費者對品牌的信心。

雖然Nike、UA等廠商不斷研發創新帶來運動產業耳目一新效果，但UA在2015至2018年時因業績下滑市值蒸發77%，顯示創新要持續成功很不容易：

（1）需持續不斷推出有效、創新產品：若定位模糊、產品沒有令人感動的故事，庫存便馬上大增。

（2）品牌忠誠度集中在大廠：如Nike、Addids具品牌忠誠度，但UA、LULU、Puma等尚未成功凝聚粉絲。

（3）產品需多樣化：百貨周年慶去逛街，發現UA不到10分鐘就逛完出來；但Nike有許多產品線和好幾代的厲害鞋款至少能看一小時，賺機會財只能一時，但要永續經營讓產品多樣化、精緻化、故事化都需下綿密功夫。

（4）客戶庫存控管：庫存不易控制導致業績不確定性及面臨全球貿易戰衝擊關稅調高變數。

（五）掌握世代交替商機-血糖測試廠商泰博（4736）

全球糖尿病照護醫療器材市場年複合成長率僅5.9%，並不是快速成長產業。但在2018年時泰博掌握住血糖機產品世代交替，血糖機賣出330萬台（成長37%），血糖測試片賣出2,100萬片（成長31%），獲利成長高達102%，資產報酬率（ROA）也由8.16%增至13.26%，股東權益報酬率（ROE）由14.52%增至24.97%，顯示經營績效佳。泰博突破以往血糖機、血壓機低利潤刻板印象，泰博2018年股價成為漲倍股。（見圖1-30）

圖1-30：泰博掌握住血糖機世代交替 2018年股價大漲

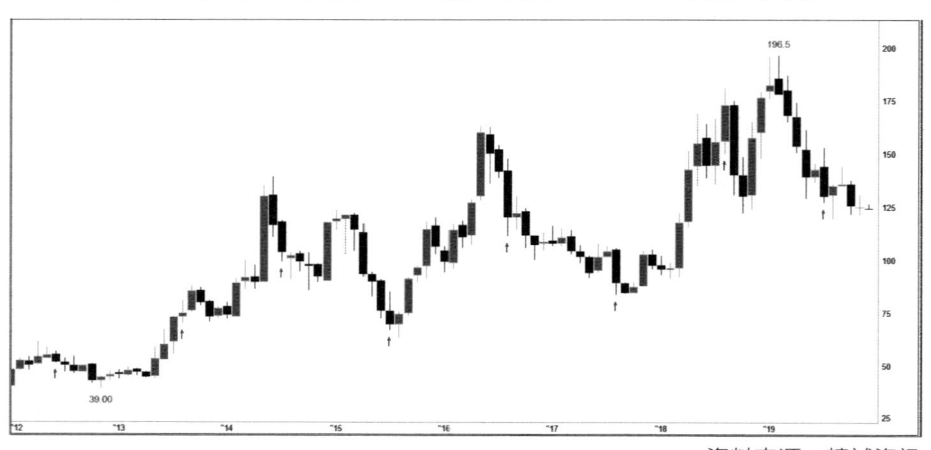

資料來源：精誠資訊

傳統糖尿病血液檢測採用碳電極試片，2018年美國規定測試誤差需在20%降至15%以內，為更精確測試須改採金屬（如鈀金、黃金等）電極試片。金屬電極穩定度與準確率均優於碳電極，但製程難度較高，因此利潤較高。

泰博的核心技術為電極化學式檢測，已握有美國、德國、中國和台灣100項以上的專利，良率可達99%。加上碳電極血糖機利潤不高導致血糖測試大廠商退出市場，如嬌生（JNJ-US）、亞培（ABT-US）、羅氏（RHHBY-US）等，泰博獲得歐洲品牌客戶5年貴金屬試片訂單，計有1,100萬盒合約且價格高40%，因此才能在低成長產業中出現高獲利契機。

泰博另一利基點人體生酮量測器，生酮飲食法在歐、美大為流行，客戶被要求隨時要做人體生酮量測。生酮飲食法由以往碳水化合物50%至60%、脂肪20%至30%、蛋白質10%至20%分配方式，改成碳水化合物僅5%、脂肪高達75%、蛋白質維持20%的飲食方式。泰博再推出六合一血糖機，可以同時檢測血糖、血紅素、尿酸、膽固醇、酮體、血球容積比等多項指標， 也是業績利器。

不過投資泰博這類醫學器材股還是要注意：

（1）醫學器材推出後售價就下跌趨勢已是產業慣性。

（2）匯率風險：如美元、歐元貶值。

（4）醫材認證時間較長。

谷底成功轉型股價大漲的案例

公司雖曾經歷產業不景氣風暴摧殘或世代交替，但若能持續不屈不撓，仍有谷底翻升機會。以新鉅科（3630）為例，新鉅科是光學鏡頭廠商，過去主要業務在NB鏡頭、遊戲機鏡頭，2014至2018年時都是虧錢，但2019年新鉅科營運大轉機，主要是全螢幕手機流行，受惠屏下指紋辨識的鏡頭大量出貨，上半年營收年成長236%，股價因而大漲3倍，新鉅科也是谷底翻身股價大漲的案例。

（一）電動自行車-自行車廠商美利達（9914）、巨大（9921）

台灣自行車2016年出口294萬輛（年減26%），美利達（9914）因市場慘澹業績差，在2015年至2017年間股價大跌超過60%。經過2年的勵精圖治，美利達新產品電動自行車（E-bike）興起，美利達E-bike2015年銷售1.86萬台、2018年衝至14.38萬台，2018年淨利年成長高達114%，2018年股價穩步攀升成漲倍股。（見圖1-31）

台灣自行車產值在2015年達到156億元高峰後，便從高峰下滑。2016年衰退16%，2017年衰退20%。雖然這跟2016年當年全球天氣欠佳影響自行車的戶外活動有關，但中國的共享單車風潮泡沫化更是造成高檔反轉關鍵。

2015年中國開始流行低碳環保的生活方式，共享經濟蔚為風潮，當時各大城市流行共享單車，只要打開手機上的App，掃描車身的二維碼、手機支付，即可開鎖、騎走，價格不貴。共享單車全盛時期拓展到5,000多家，由於經營成本高、市場競爭激烈，業者一直無法規劃出有效的獲利模式，產業很快就泡沫。以小鳴單車為例，破產後以每輛單車12元人民幣資源回收，跟新單車造價約人民幣300元相較，共享單車業者損失慘重。

圖1-31：美利達受惠電動自行車興起股價大漲

資料來源：精誠資訊

共享單車衰退也與路跑的興起有關。以中國為例，2011年時在中國舉行的馬拉松及相關路跑賽事只有22場，但到了2017年全國舉辦馬拉松及相關運動賽事高達1,100場，參賽人次近500萬次之高。另歐盟課徵反傾銷稅也加速自行車明顯衰退，歐盟對來自中國的自行車徵收反傾銷稅稅率高達48.5%。受以上不利因素所衝擊，美利達中國內銷量由2015年的100萬台降至2018年的19.4萬台，股價因而重挫。

巨大、美利達能谷底翻身來自於電動自行車（E-bike）的興起。野村估E-bike出貨量可從2019年的250萬至300萬輛，10年內可成長至1,000萬輛。全球電動自行車產業在歐洲發展最早，2018年時滲透率僅12%，在美國滲透率也僅1%。估美利達E-bike在2018～2022年年複合成長率約達18%，2018年時E-bike單價估高於傳統自行車約50%，因此仍具高獲利優勢。

歐盟是E-bike最大市場，估會對自中國進口的電動自行車徵收最高79.3%的關稅，為避免關稅壁壘，巨大與美利達因此紛紛轉移至歐洲設立生產線，巨大在荷蘭、匈牙利設有生產基地，最大產能可望達100萬台，因此E-bike產業具潛力。

（二）受惠穿戴裝置流行-磁吸性充電接頭廠商中探針（6217）

中探針產品是Pogo Pin（彈簧針連接器），電腦的MagSafe（磁吸性充電接頭，如圖1-32）充電設備，是用彈簧針連接器做介質。蘋果（AAPL-US）在2015年筆電Macbook開始使用Type C作為充電、傳輸插頭（如圖1-33），取消採用MagSafe。

中探針遭蘋果2015年改款風暴衝擊，獲利大減，在2016～2018年期間股價曾大跌69%。中探針2019時因穿戴裝置大為流行，穿戴裝置因有防水性需求，普遍使用Pogo Pin做充電介面接頭（如圖1-34），中探針2019年營收年成長3成，業績谷底翻身，股價大漲成漲倍股。

中探針產品是Pogo Pin（彈簧針連接器）是傳統電子產品，過去PC的充電連

圖1-32：早期PC接口都用彈簧連接器（Pogo Pin）

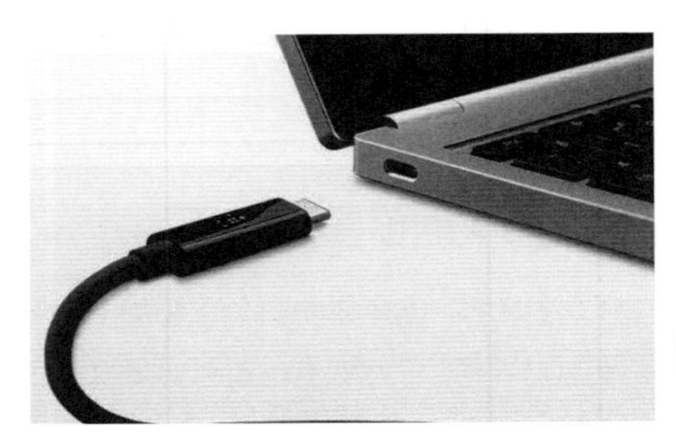

圖1-33：蘋果筆電2015年改用Type C取代Pogo Pin

圖1-34：穿戴裝置防水是基本配備，使用Pogo Pin做充電介面

圖1-35：中探針受惠穿戴裝置需求，在2019年股價回春

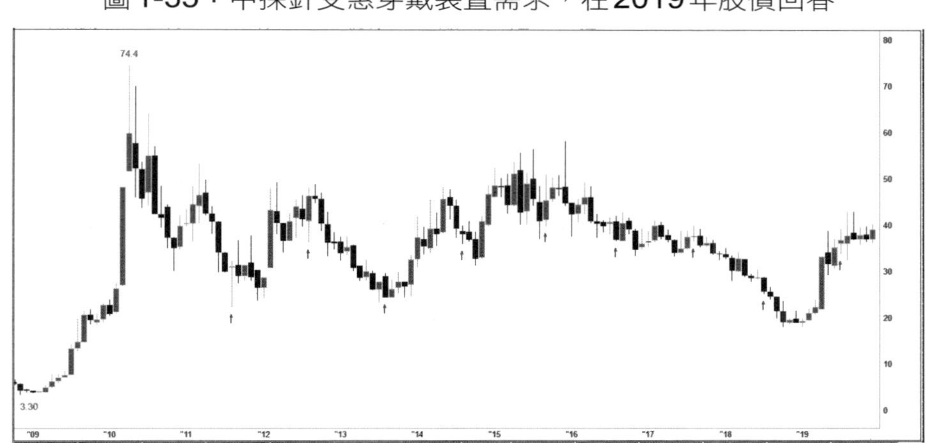

資料來源：精誠資訊

接埠設計大都採用磁吸固定的MagSafe充電連接埠設計，透過磁吸方式與接埠端連接。MagSafe充電連接埠若使用者不慎踢到連接線，也不致於讓PC因為線材牽絆而從桌面摔落。因PC電流要通過彈簧針導流，所以對彈簧的要求就會很高，當時中探針獲利狀況佳，2015年曾獲利3.9元。

但PC走向更輕薄、更高電壓化是趨勢，廠商也想賺更多周邊配件利潤，PC廠商改採正反面均可連接的Type C接口，支援更高功率輸出符合對電源高功率要求，中探針產品Pogo Pin因被大量取代，獲利由2015年的3.9元一路下滑至2018年的0.75元，因獲利衰退股價長期呈弱勢格局。

中探針雖遭風暴，但在2019年時時來運轉，因TWS（無線藍牙耳機）等穿戴裝置大為流行，穿戴裝置因防水需求分別使用Pogo Pin或Type C或無線充電等來做充電介面接頭，其中Pogo Pin使用比例最高達6成以上，中探針獲得時來運轉契機。Pogo Pin除受惠於穿戴裝置外，電動車、電動機車的馬達電池間大電流連接器及電子菸、大電流測試針、工規產品等需求，中探針2019年營收轉佳，股價因而脫胎換骨大有表現。

（三）AMOLED面板受惠股- Nor Flash廠商旺宏（2337）。

2011年半導體不景氣使得茂德、力晶相繼下市，旺宏（2337）經營也不佳，累積5年虧損達到230億元，淨值跌破5元，淪為全額交割股，在2016年股價更跌到2.11元慘狀，股價有長達15年時間股價長期低迷不振。旺宏2017年因AMOLED面板取代LCD面板商機及任天堂遊戲機出現熱賣奇蹟，股價由4元大漲至60.9元，旺宏時來運轉創造股價奇蹟。（見圖1-36）

旺宏是全球第一大ROM公司，市占率超過50%。唯讀記憶體ROM（Read-Only Memory）是資料儲存後就無法再將之改變或刪除，內容不會因為電源關閉而消失。隨機存取記憶體RAM（Random Access Memory）是可以隨時讀寫且速度很快，RAM類似人類血管，沒有它電腦間的傳遞訊息就不能使用，DRAM（Dynamic RAM）簡稱動態記憶體是在電腦傳遞訊息會暫存到一個記憶體裡面，以備在存取時隨時使用，所以DRAM被大量採用作為電子產品的主記憶體。ROM雖有基本需求量但產業成長性不高。

旺宏另一產品編碼型快閃記憶體（Nor Flash）是全球前三大廠商之一，市佔

圖1-36：旺宏受惠AMOLED面板世代交替，在2017年股價回春

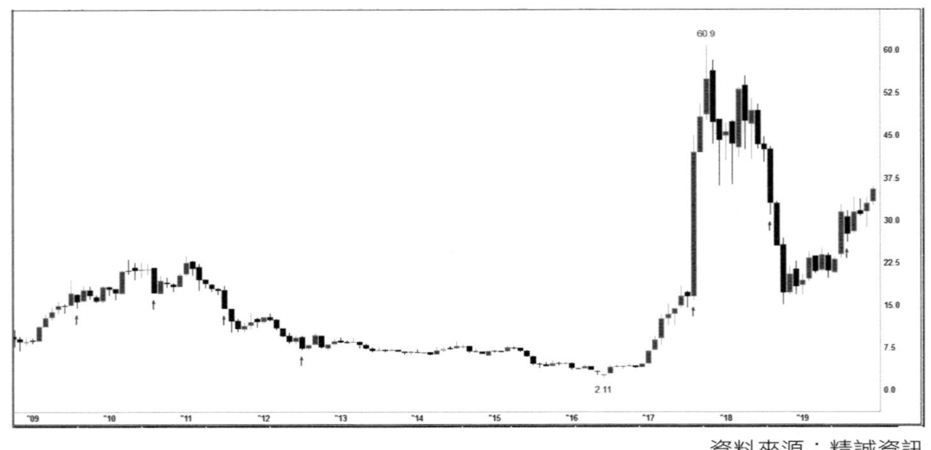

資料來源：精誠資訊

率維持在20%左右。NOR型是由英特爾、超微所發展，容量較小，但隨機讀取速度快，比較不適合朝大容量發展。Nand型由東芝、三星發展，容量較大，改寫速度快，應用在大量資料的儲存。一般電腦開機後先由Nor flash啟動，再交由快Nand Flash執行。簡單譬喻就是先用機車（如Nor Flash），因機車加熱快迅速發動就可上路，之後再用汽車（如NAND Flash），因汽車發動需時間來熱車，但汽車發動後續航力強。2004年蘋果推出iPod Nano隨身聽，特性是輕薄、容量大和價格親民，這趨勢使得NAND型開始大紅，之後輕薄型電子產品當道，記憶體廠商開始揚棄NOR型轉向NAND型。

旺宏營運良窳一直與日本的任天堂（JP-7974）息息相關，任天堂1990年為了發展更快速的儲存遊戲，找上了旺宏幫忙生產ROM，當時不僅每台主機要一顆ROM，每一片遊戲卡匣也需要ROM，任天堂掌上型遊戲機Game Boy系列產品等一路熱賣，遊戲卡匣銷量更高，旺宏受惠獲利大好。在2000年時旺宏獲利4.37元，是市值達2,400億元的大公司。

Sony PS2及SEGA在2000年開始採用新儲存媒體-光碟片來讀取遊戲，速度與色彩效果都更加亮麗，侵蝕任天堂後續機種如GameCube市場，旺宏2002年虧損3.1元、2003年虧損2.13元，股價一落千丈跌破4元，短短3年內公司市值減少75%。

任天堂在2006年發表Wii熱賣終於扳回一城，陸續推的DS、3DS銷路不錯，3DS可以裸視的方式達到3D遊戲效果，3DS主流規格容量上升至1Gb～2Gb以上，較前一代成長 2～4倍，旺宏2010年獲利回升至2.33元。

2011年半導體產業遭遇東日本311地震、歐債危機等不利因素影響，台灣半導體產業2011年產值年衰退約6.2%，半導體不景氣造成DRAM供過於求，嚴重導致茂德、力晶大虧，茂德2011年虧損7.68元、2012年虧損12.91元。旺宏受半導體不景氣拖累，累計5年虧損達230億元，淨值跌破5元淪為全額交割股，股價曾跌至2.11元。

任天堂2016年推出手遊Pokémon Go（寶可夢）造成大轟動，全球都出現抓寶狂潮，任天堂趁勢再推出遊戲機新作Switch，竟能在手遊APP盛行年代裡出現熱賣奇蹟，任天堂大翻身對旺宏是大轉機。

另一時來運轉契機是蘋果2016年推出的AirPods耳機，除了能有更穩定的無線連接及減少聲音延遲缺失，再加入降噪及防水技術，大大擴大真無線藍牙耳機（TWS）市場，AirPods耳機2017年賣出1,400萬副，2019年達6,000萬副，TWS用的NOR Flash容量比傳統款增加1倍。

旺宏另一轉機是蘋果手機2017年時採用AMOLED螢幕，因AMOLED沒有背光模組不夠明亮，必須加一顆Nor Flash加快其反應速度及補充電流與亮度。蘋果在全球市場大掃貨，Nor Flash 2017年缺貨率高達22.6%，漲價超過20%以上。

任天堂Switch、AMOLED面板、無線藍牙耳機讓旺宏鹹魚翻身，幸運的是旺宏在2010年時曾買下茂德的12吋晶圓廠，這讓旺宏在景氣回升時有翻本的本錢。旺宏2017年1Q時終結連續21季虧損，並宣布減資50%，在減資股本減輕及獲利大增下，當時市場估旺宏獲利2017年約3.89元、2018年4.94元，在市場樂觀氛圍下旺宏在2017年10月股價衝到高峰60.9元。

投資旺宏這類記憶體公司需注意景氣的續航力：

（1）供需變化：如中國兆易創新（603986）取得代工夥伴中芯（0981-HK）更多的12吋晶圓代工產能，兆易創新Nor Flash月產能2018年增加2.8萬片，2019年再增加5.6萬片，造成全球Nor Flash 2018年的供給明顯增加。Nor Flash產值2017年大幅成長58%後，2018年因供過於求產值就由盛轉衰衰退7.9%。

（2）太依賴單一主力客戶，需多角化經營：如工業用以及車用產品營收比重已達28%，多角化經營讓旺宏營運穩定度升高。

（3）注意庫存天數：較能掌握旺宏的營運風險。

（4）技術需不斷提升：如進階版單層式儲存型快閃記憶體（SLC）若順利由

32nm提升至19nm，成本就可節省20%。

（四）資料儲存冷處理-歸檔型光碟廠商錸德（2349）、中環（2323）

雲端時代來臨，雲端儲存資料更是龐大，硬碟、快閃記憶體的儲存資料容量大大提升，大量取代光碟片。蘋果乾脆在2012年推NB時配備直接砍掉光碟機，在一波波世代交替新產品取代下，光碟片的命運更加慘淡，2016年中環曾跌至2.38元、錸德也跌至2.2元，光碟片股長期維持雞蛋水餃股形象。

但2018年時因很多資料如銀行帳簿、公司財務文件等重要報表需保留百年以上，甚至更久，這些必須保存很久很久資料需用冷處理較適當，冷處理是指會自動除濕降溫，這樣可更長期保存資料及有效節省電費，冷處理的歸檔型光碟（Archival Disc；AD）於焉興起，受此激勵中環、錸德在2018年股價成漲倍股，光碟片股鹹魚翻身。（見圖1-37）

隨著科技的進步與發展，人們開始尋求能更方便的將大量的資料以及影音檔案儲存的方案，於是乎有光碟片的問世。光碟片有體積小、攜帶方便、儲存容量大的優點，很快地光碟片大量地取代了早期的3.5磁碟片、錄音帶、錄影帶等。光碟片

圖1-37：錸德曾受惠歸檔型光碟（AD）想像題材，在2018年股價回春

資料來源：精誠資訊

的運用也越來越廣，從儲存音樂到儲存影像、資料、各種遊戲及軟體等，光碟的普遍發展使得我們的生活更加豐富也更加的便利。

光碟片也不斷地改良，從CD、影音光碟（VCD）、數位多功能影音光碟（DVD）、藍光影音光碟（Blue-Ray）、高畫質影音光碟（HD-DVD）。由於光碟產品不斷推陳出新，光碟片業者如中環營收在1996年約34億元，至2001年跳躍至202億元，股價拉升至216元。錸德2000年時獲利曾達7.32元，股價拉升至355元。

隨著光碟片被廣泛使用不斷衍生負面問題，如會製造嚴重的環境污染，2000年代每年廢棄6億片光碟片、重量約4,200噸，若送焚化爐處理將產生戴奧辛汙染，若採用掩埋方式因光碟片材質是聚碳酸脂，10年都不會腐化。另外法律問題也令人頭疼，因為隨著燒錄技術的精緻，很多智慧財產權被大量的複製，如音樂、影像、軟體、遊戲等都有可能有侵犯著作權的法律問題。

快閃記憶體推出對光碟片形成挑戰，雖推出初期不如光碟片技術成熟價廉物美受歡迎。但科技實在是進步太快，隨著晶圓8吋廠、12吋廠不斷建成，硬碟、快閃記憶體速度提升快速，成本下降也快速，容量也大大提升。讀寫速度、反覆擦寫、傳輸資料都很方便，因此2001年開始取代光碟片速度加快。

傳輸介面USB的發展，使傳輸資料變的超高速，加上隨身碟時代來臨，雲端儲存也越來越方便。雲端儲存空間和隨身碟容量愈來愈大的演變下，很多檔案和文件都直接在網路上存取。由於數位串流平台的興起，現在許多人都會用網路影音串流來取得影音服務，使得傳統DVD租借店快速式微倒閉。App（Application應用程式）盛行，人們觀看影片、聽歌、玩遊戲等都直接在App下載，遊戲廠商也推出數字版遊戲，直接付錢下載就好，蘋果2019年App營收就高達500億美元。

2018年3月谷歌電子郵件服務和雲端硬碟曾出現大當機近4小時，Gmail出現無法寄信、無法下載信件附件，或是檔案無法寄出的情況；而 Google Drive 的部分，則是出現無法預覽檔案、運作卡住停頓的情況。硬碟若當機會有檔案毀損風險，若無加密會有被竊取或盜用風險，會有病毒或駭客入侵風險等。冷處理的歸檔型光碟於焉興起，硬碟估每5～7年需要更換，歸檔型光碟只要數據中心的溫度保持在30度，能夠可靠地保持100年以上。

歸檔型光碟（AD）是專為大型雲端資料庫設計的全新世代光碟，全球數據資料儲存量激增，雲端、大數據、資料中心等需求量大增，需求量已從2010年的1ZB（Zettabyte ；10的21次方位元組），跳升到2016年的16ZB，預估2026年可達163ZB，呈現好幾倍成長。愈來愈多雲端資料庫中心改用歸檔光碟（AD）儲存，臉書使用後測試歸檔光碟（AD）電費比傳統硬碟（HDD）可省約70%，且冷處理用歸檔型光碟容量大幅提高至1TB，對光碟片業者產品單價及利潤都增加。

錸德是歸檔型光碟最大廠Panasonic（松下）海外唯一生產伙伴，爆發潛力較高。但投資錸德、中環這類型光碟片股需注意：

（1）歸檔光碟（AD）價格尚未到甜蜜點：估售價需降至3.5美元以下，方能有機會大量取代硬碟。

（2）光碟片業者需看到經營績效：如營益率、股東權益報酬率（ROE）等財務指標明顯好轉。

（3）雲端業者如亞馬遜（AMZN-US）、谷歌（GOOG-US）、臉書（FB-US）等大廠大量使用，就可大為普及。

（五）光罩製程走向精緻高利潤化-台灣光罩（2338）

台灣光罩是半導體光罩製造公司，光罩是指IC線路設計圖的幾何縮小版，使用電子束技術把光罩上的圖形製作在矽晶圓上，就像沖洗照片時，利用底片將影像複製至相片上。在1999年晶圓廠如台積電（2330）把光罩業務收回自製後，加上同業殺價競爭，台灣光罩慘遭風暴摧殘，2015年時股價一度跌至5.93元。

但2018年時光罩產業重整成功，光罩代工費用大幅提高，如28nm代工費用需3,000萬美元、至10nm則需達7,000萬美元，台灣光罩營益率結束3年負值，轉

為正9%，台灣光罩成漲倍股。（見圖1-38）

1996年半導體開始興起，台灣光罩是排名全球第6大，國內第一大市佔率達40%的半導體光罩大廠。1996年營收成長47%、1997年也成長47%。1995年獲利4.97元、1996年5.43元，當時市場氛圍極度樂觀預估1997年獲利4.85元、1999年可達10.38元之高，因此股價大漲至237元高峰。

在1997年前台灣的光罩產業一直是屬於寡佔的局面，專業光罩公司僅有台灣光罩與新台科技兩家公司。台積電因公司規模已達一定規模，因此內部設立有光罩部門以提供本身業務需求。

1995年台灣光罩產業產值再成長30%、1996年成長71%、1997年成長32%、1998年成長60%，這幾年是台灣光罩產業黃金歲月。因僅3家光罩廠寡占關係因此利潤佳。但也因利之所在，1997年後許多新的光罩廠商在短期內紛紛加入競爭。如中華凸版是由日本凸版與華映合資設立，技術來自日本；如翔準的技術是由美返國的經營團隊；如中華杜邦則是由聯電（2303）與杜邦光罩合資成立，承接聯電集團訂單。

圖1-38：台灣光罩受惠全球光罩產業重整成功，在2018年股價回春

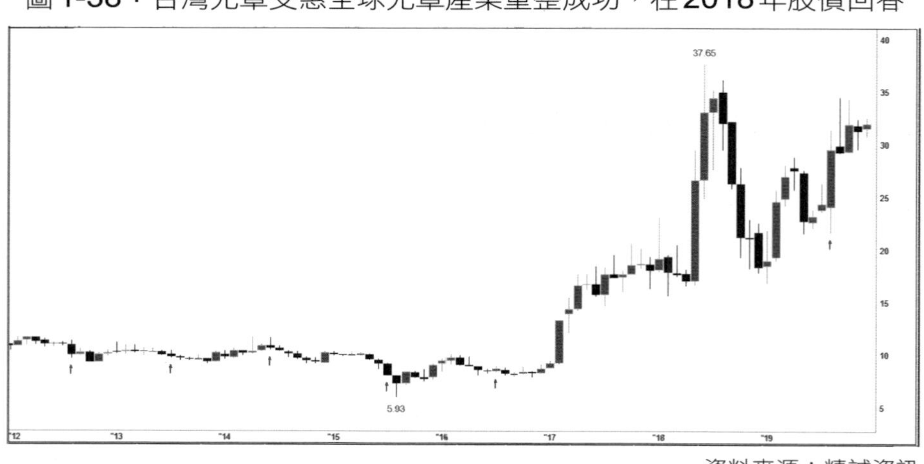

資料來源：精誠資訊

因光罩廠商增加，台灣光罩產業市場供需一夕反轉，嚴重供過於求。專業光罩廠台灣光罩、新台科技、翔準先進、中華凸版與中華杜邦等在殺價競爭下，台灣的光罩價格便在這兩年內呈現了過去難得一見的下跌走勢。5吋光罩代工價格兩年間跌30%，6吋光罩的跌幅也達20至30%。每片光罩的平均毛利從以往的40%，滑落到個位數字，甚至是虧本接單，台灣光罩1999年獲利僅0.27元，2015～2017年都是虧損，2015年時股價一度跌至5.93元。

2018年台灣光罩成漲倍股，主因是1999年後全球光罩業的購併潮，因客戶（晶圓廠）製程不斷進步，想要接到大單就得配合不斷地投資造價昂貴的新設備，否則就會走向技術無法與客戶同步提升。光是一台0.25微米以下的光罩讀寫機價格就高達新台幣3億多，若再加上每台造價分別高達數百萬美元的檢驗及修復設備。投資設備及投資金額日益高漲的情況下，為求經濟規模擴大市場佔有率，光罩業者就必須紛紛結盟、購併。由於美、日等國的光罩產業近來紛紛展開購併整合行動，購併讓這些業者更具規模經濟效果，體質也比較健壯。

光罩費用約佔整體晶圓製造材料成本13%，光罩產業轉好原因有：

（1）殺價壓力減緩：晶圓廠的附屬光罩部門在整體光罩市場市占率在2003年31%，2018年已達65%，大晶圓廠如台積電不會殺價，祇有小的光罩廠為搶單很會殺價，大晶圓廠市占率愈高、光罩代工殺價壓力愈減緩。

（2）光罩技術進步簡化流程：0.18微米時每層花2天，10nm製程每層約僅花1天，工作天數愈少成本愈下降。台灣2012～2019年連續7年是全球最大光罩市場，對台灣光罩廠有利。

（3）產品愈精緻，光罩道數愈多，代工費用愈高：如面板光罩a-Si技術（氫化非晶矽）是用4～5道光罩，進步到低溫多晶矽LTPS（Low Temperature Poly-silicon）需7～11道光罩。更精緻的光罩費用更高如0.13微米需300萬美元、28nm需3,000萬美元、16nm需4,500萬美元、10nm需7,000萬美元，因此產品愈精緻光罩代工利潤愈來愈高。

（六）黑膠唱片古典復古風潮-音訊廠商東科-KY（5225）

音訊產業在台股算較冷僻類股，廠商如亞弘電（6201）、東科-KY（5225）、漢平（2488）因產業特性股價一直不受市場矚目。歐、美在2016年開始流行傳統黑膠唱片復古風，在台灣如三創也趁此風潮，開設容納八萬片黑膠唱片的音樂館。受惠黑膠唱片古典復古一波再一波風潮，東科-KY 2019年股價大漲266%，成為谷底成功轉型股價大漲的案例。（見圖1-39）

漢平（2488）、東科-KY、亞弘電等的音訊產品如音樂設備、混音機、唱盤等，主要用於消費娛樂場所、廣播電台、音樂錄音室等專業音響器材。

音樂市場付費訂閱音樂及串流音樂維持穩定成長，但實體音樂如雷射唱片（CD）銷售衰退。2013年串流音樂服務推出以來，音樂盜版率下降了50%以上，該服務幫助許多音樂家、藝術家、歌手的作品更能有機會被人看見，點閱率爆增。串流音樂服務也能吸引更多用戶，用戶能以較便宜的價格，享受到豐盛的串流服務。

圖1-39：東科-KY受惠黑膠唱片復古風，在2019年股價回春

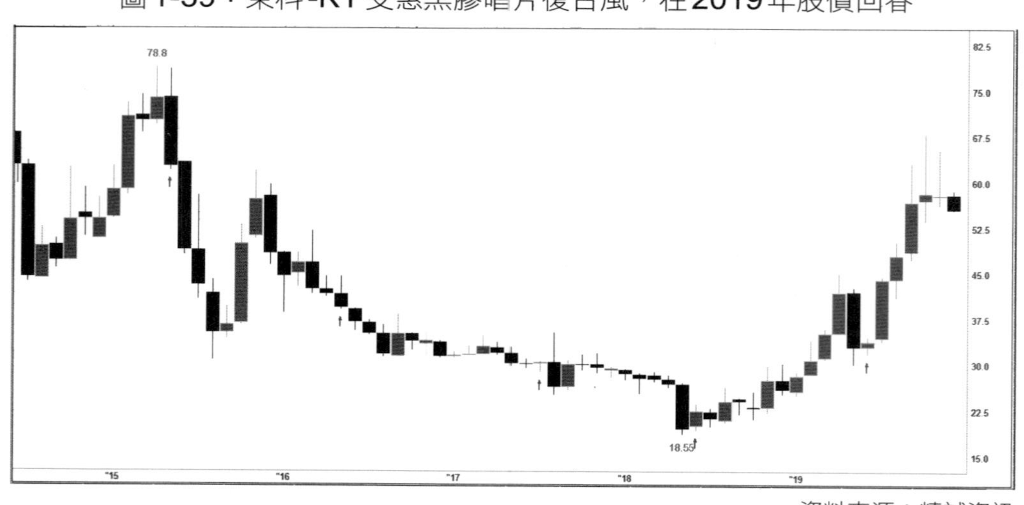

資料來源：精誠資訊

全球影音串流媒體市場估2018年至2028年複合年成長率約15.6%，串流影音平台YouTube、Netflix（網飛）、迪士尼、蘋果等數位影音盛行，傳統CD實體音樂廠商營運處於艱困狀態。但與CD同屬實體音樂的黑膠唱片在2013年後銷售出現令人驚訝的逆勢成長。在2005年時全球黑膠唱片的銷售量僅剩90萬片，但2008年以來復古風興起，尤其爵士樂用黑膠唱片其音質特別餘音繚繞，獲得音樂雅痞的喜愛。2012年銷售460萬張，富士比統計2018年銷售則達970萬張。

黑膠唱片保有較佳音質，唱片封面也較有設計感，能真實還原歌曲原貌，保存期限較CD長。播放起來有一種聽歌的鑑賞感、舒暢感，擁護黑膠唱片的消費群起因是對於數位音樂的排斥，黑膠唱片的魅力除了行家講究的音質，外觀和懷舊感也助長買氣，激發樂迷收藏欲望。

更加速黑膠唱片的復興是唱盤機簡化，過去一套黑膠唱盤機動輒好幾萬元，現在一個小小皮箱一翻開竟是一台黑膠唱盤機，只要插上電之後就能播放音樂，黑膠唱盤播放器不用再像過去一樣帶不出門，行動手提箱能帶著趴趴走，黑膠唱片周邊商品已成為最夯的送禮禮物。

2020年後持續成長及具爆發潛力的熱門產業候選名單

我們定義的快速成長產業有AI、電子商務、大數據、5G、全螢幕、生物辨識、穿戴裝置等創新產業，這些產業雖是過去式，也是現在進行式，更是未來進行式。除這些產業外，包括物聯網、區塊鏈、影音串流、工業4.0及下列具爆發潛力的熱門產業候選名單都可留意加以研究，通常需配合技術面量價齊揚時再來做追價動作，因為沒量代表沒人氣代表沒追價買氣，有量價齊揚時才代表有題材、有人氣，股價拉升的機率加大。

（一）半導體

半導體異質整合：受惠股如台積電（2330）、訊芯-KY（6451）、日月光投控（3711）等半導體類股

未來將進入矽世代4.0（Si 4.0）的半導體異質整合，就是將不同3D晶片、不同製程晶片、不同半導體材料共同整合為單晶片或同一奈米系統。顧能估2019年全球半導體產業產值約4,291億美元，鈺創（5351）董事長盧超群估異質整合商機可使半導體2030年產值邁向1兆美元。

AI晶片：受惠股如台積電（2330）及聯發科（2454）、世芯-KY（3661）、創意（3443）等高端IC設計股

AI商機不僅是現在進行式也是未來進行式，如阿里巴巴（9988-HK）旗下半導體公司平頭哥自行研發的AI晶片含光800，過去系統需耗費一小時才能對每天新增的10億張圖片進行識別分類，現在僅需5分鐘就可完成。如輝達（NVDA-US）2019年12月發表Orin晶片，就比前一代快7倍。估計各大廠先進AI晶片將陸續推出，都呈現效能大躍進。

邊緣運算：受惠股如南亞科（2408）等記憶體類股及研華（2395）工業電腦股

邊緣運算是在雲端與裝置端（如手機、電腦、汽車等）的連接中間，多設置一層運算層Edge（邊緣）端，就是多了閘道器、路由器的各種網通設備。意思就是不要所有公文都要送往雲端（如董事長、總經理），在雲端及裝置端中間（如經理、協理）能處理就趕快處理掉，將更省時、更有效率。邊緣運算將大量增置記憶體，邊緣運算產值2018年89億美元，至2022年估133億美元。

AiP（Antennas in package）天線系統級封裝：受惠股如景碩（3189）、日月光投控（3711）等半導體股

AiP技術將天線、濾波器與多晶片電路等整合到單一封裝內，採用最先進的扇出型封裝製程。2019年時AiP天線價格約8美元，高於LCP天線3美元，MPI天線1.2美元，PI天線0.2美元，因此AiP利潤佳。

極紫光光刻機EUV（Extreme ultraviolet lithography）半導體設備：受惠股如家登（3680）、帆宣（6196）等半導體設備股

EUV被視為推進下世代先進製程的關鍵。傳統浸潤式微影在20～28nm光罩次數4～8次，使用EUV微影可不需光罩；傳統浸潤式微影7nm光罩次數需33次，EUV僅9次，使用EUV光罩費用可大幅下降。艾司摩爾（ASML）一台EUV 2019年時單價達1.8億美元，一片EUV光罩費用至少需15萬美元。

帆宣為ASML代工EUV雷射穩壓模組，穩壓器是雷射切割時的穩定基礎，如果穩壓器不穩定會影響雷射切割質量。

家登生產EUV光罩盒，光罩盒是保護膜，防止微粒污染、保持真空的載具。日商大日、miraial等公司也有意跨足此產品領域，這恐對EUV光罩盒市場產生衝擊。台積電已量產的7奈米EUV製程的光罩盒由家登、美商英特格（Entegris）分食訂單，因光罩傳送盒技術門檻較高，單價也高，接下來5奈米製程的光罩層數更多，EUV光罩盒市場需求前景看好，引發商業競爭，家登遭英特格提告侵害專利訴訟就是例證

COP（聚醯亞胺）薄膜基板封裝技術：受惠股如臻鼎-KY（4958）、頎邦（6147）等利基型材料股

全螢幕趨勢封裝由玻璃COG改成膠膜COF，但COF還是以硬式面板為主，軟性AMOLED螢幕有可繞性可做3D曲面手機、可摺疊手機，是最佳手機面板方案，全螢幕的封裝技術不斷在演進進步，COP封裝技術被視為軟性AMOLED螢幕最完美封裝方案。

COP可把晶片、軟板折疊，厚度比COF（膠膜）更進一步縮小，可減少面板厚度與縮小邊框，可望降低成本，軟性AMOLED面板封裝將會以COP為主流。

藍寶石碟：受惠股如兆遠（4944）、越峰（8121）等藍寶石晶體類股

藍寶石被稱蘇聯鑽或是人工鑽石，矽晶圓的硬度遠低於與鑽石硬度相當的藍寶石。全球鑽石碟市場一年達100億元，若藍寶石碟能取代鑽石碟來做拋光晶圓，估

未來商機大。

（二）5G手機及周邊產品

射頻前端RFFE（RF Front-End）模組：受惠股如奇力新（2456）、環德（3152）、立積（4968）、穩懋（3105）、宏捷科（8086）等

RFFE是將包括數據機晶片、射頻、降噪放大器、天線、濾波器等整合成無線射頻模組，主要功能是提供各種波長載體（電波、聲波、電磁波等）進行資料傳送與資料接收。

全球手機前端射頻模組市場規模由2018年至2025年複合成長率約14％。2019年時5G使用的射頻模組價格約34.4美元，遠高於4G的約19.3美元，廠商若能升級，利潤將更高。

RFFE到5G使用的濾波器也會升級，濾波器是指對特定頻率的信號做響應的器件，傳統是用表面聲波濾波器SAW（Surface Acoustic Wave），5G應用新增50個以上通信頻段，全球網絡合計頻段將達90個以上。一個頻段需要兩個濾波器以上，更需升級低溫共燒陶瓷技術LTCC（Low Temperature Co-fired Ceramic），也就是頻寬、頻率愈高愈需使用LTCC濾波器，5G手機LTCC濾波器使用量自4G的7～8顆提升至5G的15顆，廠商有環德、奇力新等。

RFFE到5G使用的分頻器價格更高，分頻器是將輸入的模擬音頻信號分離成高音、中音、低音等，5G分頻器單價可達4G的10倍以上，這部分台廠如環德的解決方案比日廠強。

大面積及超薄指紋辨識：受惠股如神盾（6462）、GIS-KY（6456）等IC晶片及模組廠商

指紋辨識雖已流行多年，但2020年後將進階至超薄及大面積指紋辨識。大面積指紋辨識將不受限單指觸壓，可雙指或多指，增加用戶體驗，蘋果的超音波指紋技術將增加17倍的辨識範圍、能清楚辨識兩隻手指。

5G手機因太耗電估比4G多2.5倍，指紋辨識將改採超薄屏下指紋辨識，超薄指紋辨識是用晶圓級鏡片代替2P、3P鏡片，模組可變薄可多出30%空間來放置電池。

LCD面板也有機會跟AMOLED面板一樣能做屏下指紋辨識，新一代的LCD內嵌型（in-cell）屏下指紋辨識技術，可使產品螢幕比AMOLED光學式屏下指紋辨識與超聲波屏下指紋辨識更輕薄、透明，並且尺寸大小沒有限制。

5G手機測試：受惠股如耕興（6146）、宜特（3289）等測試股

4G手機主流頻段是使用2.3GHz，5G其中的Sub 6是使用3.5GHz、毫米波是使用26GHz、28GHz，估Sub 6GHz手機測試價格多4G約50%、毫米波手機測試價格多4G約100～150%，因此5G手機測試利潤增加。

（三）通訊

5G基地台：受惠股如智邦（2345）、智易（3596）、昇達科（3491）、中磊（5388）、聯亞（3081）、光環（3234）、聯鈞（3450）、華星光（4979）等網通及光纖廠商

5G頻寬在2.6～100GHz間，5G頻寬非常廣泛，因此5G舖設的基地台數量將比4G多很多，加上4G有效發射距離約1至2公里，5G效能更密集僅能發射0.2公里，所以5G舖置的基地台數量將是4G的5～16倍。

5G基地台建設成本是4G的1.5～1.8倍，因5G基地台會有高頻路徑損失，傳輸耗損等問題，遇到下雨天、樹葉或飛鳥經過，都會造成訊號的丟失，也需要佈建大量的小型基地台來達到足夠的覆蓋率，小型基地台2016至2020年間年複合成長率為41%。5G中Sub6基地台2019年佈建37.8萬台，估2022年佈建達177.2萬台。全球5G基地台產值估2019年～2023年年複合成長率達61.8%。

5G基地台換算光纖用量5G是4G的16倍，5G網路需使用更高速（25G 以上），較 4G需求更多的光收發模組。光收發模組就是光纖模組，光纖具低損失、

寬頻、尺寸小、彎曲半徑小、不輻射、重量輕等優點，光收發模組產值2019年約62億美元，2023年估達120億美元。中國將新增400～500萬座基地台估算，中國市場光纖產值將增加600～700億元，對光纖股有利。

WiFi6無線區域網路（Wireless Fidelity）：受惠股如瑞昱（2379）、立積（4968）、神準（3558）、啟碁（6285）等廠商

WiFi在中距離（約100公尺）無線傳輸應用已是具主導地位，2019年使用量約42億顆（短距離的藍牙約45億顆），WiFi 2022年估達49億顆。

WiFi4（802.11n）下載速度約150Mbps，WiFi5（802.11ac）已進展到3.5Gbps，2018年推的WiFi 6（802.11ax）下載速度更高達9.6Gbps。2019年搭載WiFi 6的產值約2.5億美元，估2023年產值可達522億美元，年複合成長率114%。

矽光計畫：受惠股如聯亞（3081）、眾達-KY（4977）、聯鈞（3450）等光纖股

半導體晶片發展趨勢是將利用超微透鏡來取代電晶體，並以矽光子來進行運算，微型、高速、低功耗的要求可有效解決目前資料傳輸瓶頸以及耗能問題，矽光計畫整合雷射與矽光子元件，透過調變技術，資料傳輸速度可達每秒100GB，是傳統銅線傳輸的4倍以上。矽光子技術的應用未來也包含高速電腦、生命科學及量子運算等高階應用，以及自駕車應用的光學雷達等先端科技的發展。

亞馬遜、谷歌、臉書、微軟等的數據中心常在雲端資料傳輸或運算大數據時，受限於傳統的銅線以及低速光纖的傳輸量，造成運行效率低落，矽光子將是解決問題的最佳方案。矽光晶片市場估2015～2025年的年複合成長率約45%。

400G交換器（Switch）：受惠股智邦（2345）、智易（3596）等網通股及華通（2313）、金像電（2368）等PCB股

交換器是指資料在同一時間可以同時傳輸進來及同時傳出的雙向傳輸功能的網通設備。未來5G、8K電視、電競、VR/AR、物聯網、AI等需求，傳輸介質未來將以光纖為主流，勢必將從100G進入400G的高速網路世代，原先的銅纜線效率

較差，只適合部分短距離應用。2019年時100G（Gbps）交換器價格約150至200美元，400G交換器價格高達800至1,000美元，兩者差價太大，估400G交換器2021年逐漸放量，2022年後世代交替或可展開。

400G交換器使用的PCB 因採用了設計更複雜的 36 層板，相較100G 交換器的26到28 層板複雜度拉高，因此PCB 單價約較100G交換器增加60％到80％，相關族群將可受惠。

超寬頻UWB（Ultra-wideband）技術：受惠股如聯發科（2454）、瑞昱（2379）、凌陽（2401）、智原（3035）等IC設計廠商。

UWB優點有穿透能力強，如可以幫助警察搜尋隔牆的逃犯，或解救被圍困在建築物裡面的人們。UWB定位精度高，具有超寬頻帶的特性，使得UWB系統的距離分辨精度是其他系統的成千上百倍，過去用於軍事雷達未來可應用在AR/VR、監獄、工廠、停車、醫院等應用。全球室內定位市場2017年～2022年的年複合成長率約42％。

（四）光學鏡頭

飛時測距（ToF）鏡頭：受惠股如穩懋（3105）、晶電（2448）、致茂（2360）、精材（3374）、訊芯（6451）等供應鏈

ToF的重要功能在AR擴增實境及照相景深效果。庫克表示擴增實境將成為下一個系統平台，預估AR／VR相關投資在2018至2023年複合增長率77％，AR將廣泛應用至教育、娛樂、購物、工作等領域。

（1）利用AR可做室內設計：將3D家具直接置入空間中自由拖拉旋轉及擺放，可以大大減少規劃佈置的難度及時間。

（2）利用AR做基礎建設：藉全球衛星系統（GNSS）對使用位置進行精確的定位，並再從附有經緯度的地下設施管線工程圖雲端資料庫中選出周遭相應的工程圖面，之後與現實場景進行結合，即可讓使用者在平板電腦的畫

面上看見地下管線設施的位置及形狀。

（3）利用AR做醫療：讓病人身歷其境口腔癌、腎臟癌、心房顫動或氣切等治療照護方式，了解優缺點並做出最有信心的醫療決策，不再天人交戰。

（4）利用AR做教育：如夏卡爾畫錄製成AR導覽解說影片，參觀者只要用手機或平板電腦對準展出的35幅夏卡爾畫作，就能顯示學生錄好的擴充實境影音導覽解說。

ToF屬於3D感測元件，估2017 年至2023年年均複合成長達 44%。蘋果採用致茂設計的ToF的VCSEL元件檢測設備機台做檢測。晶電子公司晶成半導體VCSEL產能也大幅增加。

影像感測器CIS（CMOS Imaging Sensor）：受惠股如晶相光（3530）、同欣電（6271）、矽創（8016）、昇佳（6732）、光環（3234）、京元電（2449）等供應鏈

手機多鏡頭及內建ToF功能，每支手機內搭載的CIS已由過去的2-3顆增加至5顆以上，5G手機因耗電需改搭載超薄光學屏下指紋成為趨勢，對鏡頭需求大增。再包括醫療、安全監控攝影機、機器人、工業物聯網、虛擬及擴增實境等需求強。CIS影像感測器全球市場2018年-2023年出貨量年複合成長率估達到11.7%，雖成長性不高，但廠商少因此均分商機大。

影像感測器另一商機是後鏡頭計畫整合RGB（紅、藍、綠）感測功能，就能自動調整螢幕色溫及色彩，讓顯示器更加在外在光源變化下，能夠調整色差，讓螢幕顯示更加柔和，估這項功能將感測器使單價提升約30%至50%，這也會是5G手機的標配。

3D影像感測器鏡頭：受惠股如新鉅科（3630）、原相（3227）、聰泰（5474）等供應鏈

3D影像感測將愈普及，當你拿起手機先啟動紅外線掃瞄相機，可用揮手的動作來控制音樂播放或是讓來電靜音，甚至還能跟手機裡的寶可夢打招呼。當你將手

伸向正在響鬧鈴的手機時，它會隨著你手的接近逐漸降低鬧鐘的音量。紅外線LED、紅外光雷射及虹膜部辨識等應用的3D影像感測市場規模2017～2025年複合成長率可達24%。

健康照護感測元件：受惠股如光磊（2340）、原相（3227）等供應商

庫克指出蘋果對人類最大的貢獻是健康照護，每年僅有少數人會到醫院去量測心電圖，但現在它就在你的手腕上（Apple Watch）。健康照護晶片可測量心跳、脈搏、心電圖、疲勞指數等指標，量脈搏可用紅外線（InfraRed）LED照射手指，血紅素吸收IR LED光源，利用CMOS感測血管壁放大收縮跳動來量脈搏。

穿戴式裝置2019年至 2023 年年複合成長率雖僅7.9%，但因出貨量將達3億支，若都裝健康照護晶片其商機將很可觀。Apple Watch為提高心跳血氧感測準確度，提高反射式血氧心跳感測器使用量從2顆增至6～8顆，如光磊在2018年智慧手錶感測元件供應市占率達85%，受惠健康照護題材。

G+P（玻璃+塑膠）鏡頭：受惠股如亞光（3019）等光學鏡頭廠商

G+P（玻璃+塑膠）鏡頭可解決鏡頭凸出問題，但因玻璃鏡頭較塑膠鏡頭仍有價格較高及有大量生產瓶頸，也就是G+P 2018年價格比7P高約20%，玻璃鏡頭也有熱脹冷縮問題，因此G+P鏡頭商機發酵時間尚需持續觀察。

另外蘋果新專利採用VCSEL模組元件，可能可直接嵌入於矽晶載板上，使得手機鏡頭外觀不再凸起，機身厚度也可因此獲得改善者，這也是G+P（玻璃+塑膠）鏡頭的嚴厲挑戰。

（五）PC、面板：

精簡指令集RISC-V架構（reduced instruction set computing）：受惠股如晶心科（6533）等IC設計廠商

指令集功用在指揮資料處理及儲存操作。在PC方面指令集已被英特爾的X86控制住，在行動裝置方面也被ARM的指令集所佔據，指令集一直沒有第三家發展

機會。

自發生中美貿易戰後，中國怕源生於美國的技術可能被封鎖，中國廠商如阿里巴巴，中興、華為等積極去美化，全力發展第三選擇RISC-V指令集架構。RISC-V架構晶片估從2018至2025年的年複合成長率達146.2%。

主機板PCIe（Peripheral Component Interconnect Express）匯流排：受惠股如祥碩（5269）、譜瑞-KY（4966）、M31（6643）等

PCIe是一種高速的序列電腦匯流排，是連結主機板晶片組（南橋、北橋）與CPU等晶片間的連接匯流排。在2017年推PCIe4.0版速率是16GT/S（10的九次方），比原版PCIe3.0版速率是8GT/S多一倍。

2019年再推PCIe5.0版速率是32GT/S，加上英特爾和超微推進化單晶片組（南橋北橋合為一顆）技術，這是革命性的進化。2019年至2021年估年複合成長率高達141%，高速傳輸晶片單價高於晶片組，因此PCIe廠商利潤佳。

Mini LED‧Micro LED：受惠股如台表科（6278）、惠特（6706）、晶電（2448）、聚積（3527）等LED供應鏈

次毫米發光二極體（Mini LED）是指晶粒尺寸約在100微米的LED，體積約為LED大小的1%，厚度與AMOLED不相上下，演色性、壽命比AMOLED好，有更高的光電轉換效率，再加上局部調光控制，使Mini LED背光能有較低功耗，並達更高的對比及亮度。微發光二極體（Micro LED）指晶粒尺寸約在50微米的LED，估2022年之後才會開始萌芽。

由於蘋果平板、NB開始採用Mini LED，估會加速Mini LED快速成長，中國廠商如京東方等也陸續轉往佈局Mini LED等技術。手機需用Mini LED約9,000顆、筆電需用約1萬顆、電視需用到約4萬顆，因AMOLED在車載應用無法符合耐高溫、可靠度、壽命及烙印等問題，所以車載應用以Mini LED最具潛力。估Mini LED電視將從2019年的4萬台增至2023年的640萬台，Mini LED顯示屏估2019～2023年產值複合成長率達27%，超小間距Mini LED顯示屏估

2019～2023年的產值複合成長率為58%，估2019年產值2億美元至2023年10億美元，極具成長潛力。

Mini LED另一商機是LED點測、分選廠商如惠特， Mini LED較傳統LED點測、分選快很多，點測一次8顆可提升一次64顆至100顆，這表示Mini LED效率大幅提高。

（六）印刷電路版（PCB）

LCP（液晶聚合物）天線軟板：受惠股如台郡（6269）、臻鼎-KY（4958）、嘉聯益（6153）等PCB廠商

在半導體有談到AiP天線封裝是具潛力產業，但AiP天線估需等毫米波成5G主流時才有爆發力，5G在Sub6時LCP天線比AiP天線最具潛力。

5G使用天線約6至10根比4G 的4至6根多，LCP天線軟板佔LCP天線成本7成，軟板受益最大。LCP軟板產值在2019年約23億美元，估2021年可達42億美元，2018年至2025 年天線封裝產值複合成長率估為68%。

ABF（Ajinomoto build-up film）載板：受惠股如欣興（3037）、南電（8046）等PCB廠商

ABF載板是指沒有玻纖布、導電較佳，線路較細的載板。因AI、5G、資料中心等快速產業大量需求，繪圖晶片、微處理器、晶片組、HPC（高運算晶片）、特殊應用晶片（ASIC）等對載板要求更精細線路、更佳導電性，因此對ABF載板需求強。

IC載板層數從PC用的載板4至8層，大幅提高至更精密的10至16層，換算相當於需求增加約一倍。5G通訊晶片載板層數也從6至10層提高至8至20層，因此ABF載板需求強，估2018～2021年全球ABF載板需求年複合成長率約20%。

類載板以類似載板規格呈現的主機板，仍是高密度的印刷電路板（HDI板），但規格已接近IC封裝用載板的等級。類載板為因應耗電及零組件增加問題，線寬

線距由50um 微縮至25～30um，來滿足高頻訊號遞減問題，所以HDI主板改用類載板。

類載板相較HDI板空間節省約78%，5G手機將可增加10%至15%的類載板用量，價格也提升30%至35%，類載板產值2019年約104億元，估2022年約274億元。

BTB板對板（board to board）連接器：受惠股如宏致（3605）等PCB廠商

基於電池因耗電安全考量將需搭配使用 BTB（板對板）連接器，如支援快充的電池、如5G的天線數目增加，如多鏡頭滲透率提升等、使用BTB（板對板）連接器需增加。5G手機可望增加LCP天線滲透率，LCP天線需搭配 BTB 連接器，4G手機用2～4條BTB，5G Sub-6手機提高到使用4～6條BTB。

（七）零組件

發光剪刀腳鍵盤：受惠股如茂林-KY（4935）、科嘉-KY（5215）、精元（2387）等鍵盤股

蘋果NB產品陸續導入發光剪刀腳鍵盤，估蘋果鍵盤的導光板滲透率在2020年1Q滲透率約20%，2021年滲透率達100%，在2019年時新設計的剪刀腳鍵盤單價估約25～30美元，高於一般NB鍵盤的8～12美元，因此廠商的利潤增加。

數位型麥克風（D-MIC）：受惠股如鈺太（6679）、鑫創（3259）等微機電麥克風股

手機真藍牙耳機流行後，估電視在2020年也將導入語音控制功能，D-MIC（數位麥克風）之滲透率將加速提高。2019年時D-MIC的售價約為原傳統類比麥克風的3倍，以一年電視2.25億台市場估算，數位型麥克風（D-MIC）潛在市場商機大。微機電（MENS）麥克風2018年全球出貨量達約55億顆，2021年估達75億顆。

伺服器周邊系統：受惠股如高力（8996）等廠商

資料中心長期最大成本壓力來自電費，舉凡空調、配電、照明及其他能耗，全球資料中心資料的保存，等於全球電力消耗的1％。

資料中心的冷卻系統可分風冷式、液冷式等，液冷式效果較佳，液冷式是通過液體替CPU等電子元件熱能冷卻。阿里巴巴推液冷伺服器是浸沒式冷卻（immersion cooling）技術，浸沒式冷卻是液冷技術中的一種，透過伺服器直接浸泡在不導電的液體中，直接將零組件產生的熱能傳導給流體，不需要其他主動式的冷卻零件，譬如散熱鰭片、導熱銅管或風扇等等，溫度上升的液體可透過循環冷卻方式再回流繼續吸收熱能。

浸沒式冷卻優點：節能、省空間、提升Server運作效能、少灰塵、少風扇震動及噪音、故障率低，但不導電液體價格昂價。阿里巴巴採用高力的浸泡式散熱系統，市場趨勢是資料中心廠商是由半水冷式改為浸泡式散熱系統成為標準配備。

（八）電動車

特斯拉：受惠股如聯嘉（6288）、貿聯-KY（3665）、和大（1536）、致茂（2360）等供應鏈

過去特斯拉（TSLA-US）虧錢但經營都未出現危機，不像中國特斯拉-蔚來汽車頻傳破產，因特斯拉每年有碳稅20億美元可拿，換算股本高達11美元。特斯拉中國電動車超級工廠生產線的造車成本，比起美國可以減少約65％，可年產能將達50萬輛，因此潛力強，2020年台北新車大展各廠猛推電動車，足見特斯拉對各車廠的巨大壓力。

全球電動車2019年約515萬輛（滲透率5.5％），2025年估1,900萬輛，特斯拉2019年約36.8萬輛，2024年估180萬輛，法人估特斯拉2022年營收可達 470億美元，等於3年內成長率高達100％，2024年獲利80億美元，等於每股獲利44.4美元。大摩更估2030年可達400萬台，特斯拉題材始終不斷。

電解銅箔：受惠股如金居（8358）、富喬（1815）等銅箔股

每輛傳統汽車的銅用量約20公斤，油電混合車的銅用量40公斤，純電動車的銅用量更達到163公斤，銅箔是負極材料的載體，全球電解銅箔產值2018年80億美元，估至2023年約112億美元，電動車再往遠推2030年估可達2,100萬輛，電解銅箔2026年也可達175億美元，雖然電解銅箔2018～2026年年複合成長率約10.9%，但是每年穩健成長。

AEB自動煞車輔助系統：受惠股如為升（2231）、先豐（5349）等供應鏈

日本2021年所有改款新車將標配AEB自動煞車輔助系統，將出現蝴蝶效應，對雷達板及毫米波雷達有利。光學雷達是一種光學遙感技術，它向目標照射一束雷射光可測量目標的距離，光學雷達（LiDAR）估2019至2023年複合成長率40%，LiDAR搭配其他ADAS（先進駕駛輔助系統）的技術，從定速巡航和防鎖死剎車逐年演進，商機久遠，市場也看好LiDAR在自動駕駛、輔助駕駛、地形量測等應用前景。

（九）生技

細胞治療法：受惠股如基亞（3176）、訊聯（1784）、高端（6647）、亞諾法（4133）、醣聯（4168）等。

免疫療法是長遠商機，其中細胞治療技術是指使用人體細胞組織物重建人體構造、機能或治療疾病之技術。主要是將身體細胞經過分離、純化、體外培養，使細胞數量增加且活性提高之後再注射回體內，做為治療疾病或改善自身免疫能力增強的方法，可以免疫細胞重建及幹細胞移植。

2017年曾核准尿路上皮癌治療、療效成功率達83%，受此鼓勵衛福部於2018年9月發布特管法，開放6項細胞治療技術。訊聯與三總、武漢軍威集團合作開發，基亞與義大癌治療醫院合作自體自然殺手細胞培養，估細胞療法2019至2030年的年複合成長率約31%。

六合一血糖機、生酮飲食法：受惠股如泰博（4736）、訊映（4155）等醫療器

材股

六合一血糖機可以檢測血糖、血紅素、尿酸、膽固醇、酮體、血球容積比等數值。六合一產品是使用金屬試片，與碳試片價差約20～30%，對廠商利潤較佳

手持式醫療用超音波感測器：受惠股同欣電（6271）等供應鏈

生技醫療器材因市場小，通常成長率不高，超音波掃描儀2018年～2023年年複合成長率約5.9%，但市場對手持式醫療超音波感測器潛力樂觀，因售價已到甜蜜點。法人估同欣電（6271）醫療用超音波感測器在2019年約3.4萬台，2021年估約32萬台，注意市場何時引爆。

（十）金融

人工智慧金融科技（AI FinTech）：受惠股如富邦金（2881）、中信金（2891）、永豐金（2890）、國票金（2889）等金融股

金融業對金融科技投資驚人，2016年16億美元至2022年估達273億美元，年複合成長率達60.5%。金融智能理財、區塊鏈跨行支付工具等創造數位科技金融。

純網銀鯰魚效應：受惠股如國票金（2889）、中華電（2412）等廠商

國內開放三張純網銀執照，樂天（國票金投資）、將來銀行（中華電）、Line Pay。傳統銀行能做的事情純網銀也都能做，最大的差異在於純網銀所有業務是經由網路、電子行動裝置等來進行。

純網銀優點是不受時間、空間限制，沒有設立實體分行，沒有任何分支機構、營業據點。希望純網銀加入不是殺價競爭，希望能發揮鯰魚效應，所謂鯰魚效應（Catfish Effect）是指透過引入強者，激發弱者變強的一種效應，期望讓國銀的經營績效因競爭而提升。

第二章
找到快速成長公司的簡易方法

美股熱門股推升台股相關股大漲案例

美國是全球最大經濟體，同時軍力、科技皆為全球的領頭羊，因此美股的漲跌，往往能引導全球股市趨勢。許多投資人晚上緊盯美股走勢，就是因為美股漲跌大大影響次日台股的開盤，美國熱門流行股往往會成為台股最流行的熱門飆股。

如美股在2014年時燃料電池股Ballard（BLDP-US）、FuelCell（FCEL-US）等大漲。因為當時豐田（Toyota；JP-7203）大力推氫燃料電池車，氫燃料電池能源效率約30至40%，遠大於油電混合約15至20%。氫燃料電池只要充電3分鐘便可充滿可跑700公里。當時台股電池材料股康普（4739）大漲286%、高力（8996）也大漲80%。

如2019年4月時球星老虎伍茲睽違10多年後再度奪下美國名人賽冠軍，全球高爾夫品牌的龍頭品牌卡拉威（ELY-US）大漲23%，台股代工廠大田（8924）受惠，加上獲利佳，股價大漲272%。

如美股安森美（ON-US）於2016年9月19日完成收購Fairchild（快捷半導體），市場評安森美收購快捷半導體等於擊出一支全壘打，加上2016年車用功率半導體的需求因電動車、再生能源發電大增，安森美在2016至2017年那一波大漲190%。ON是車用半導體龍頭，勝麗（6238）是ON在台供應商，勝麗2016年獲利9.41元，2017年8.75元，因獲利佳股價大漲7倍。

（一）加拿大開放大麻娛樂用 - 大麻股極光大麻（ACB-NYSE）

大麻因有四氫大麻酚THC（Tetrahydrocannabinol）成分，會產生致幻和成癮，過去被列為毒品嚴格禁止。但加拿大2018年7月決定解除維持95年的禁令，

圖2-1：加拿大開放大麻娛樂用 大麻股2018年成美股熱門題材

資料來源：雪球-美股ACB

開放大麻合法化。當時大麻股ACB（極光大麻）股價由5.29美元大漲至16.24美元。台股大麻概念股旭富（4119）生產大麻二酚中間體CBD（Cannabidiol），歸類為大麻概念股，股價受惠大漲80%。

烏拉圭在2012年成為第一個開放大麻使用的國家，讓公眾可以用大麻作治療以外的用途，烏拉圭政府因無法徹底解決非法問題，政府希望用積極管理代替禁止管制，來切斷大麻的非法貿易與打擊當地犯罪分子。加拿大為第二個開放大麻合法使用的國家，允許吸食大麻，包括醫療與娛樂使用。

全球大麻做醫療用途合法化的國家約30多個國家。若大麻娛樂用要普及仍需視最大市場美國是否開放而定，美國眾議院司法委員會2019年11月批准了一項法案，該法案將大麻聯邦一級合法化，估若美國正式開放，大麻商機將可大幅增加。

旭富生產的CBD是大麻中非成癮成分，被認定具有顯著的醫學價值，CBD不僅不會產生致幻效果，反而可以減輕或抵消大麻中另外一種化學成分THC四氫大麻酚的活性，THC四氫大麻酚是大麻會產生致幻和成癮的原因。CBD對減輕發炎、疼痛、焦慮、精神疾病、癲癇、痙攣有幫助，也沒有藥物引起的嗜睡或煩躁等副作用。

美國食品藥物管理局（FDA）在2018年6月通過由英國藥廠GWPH（GW Pharmaceuticals）所研發含CBD成分的新藥上市許可，開啟了大麻衍生藥物療法的新紀元。GWPH 2019年5月含CBD的新藥在治療結節性硬化症導致的癲癇取得治療結果，但價格高達32,500美元。估計大麻在醫療、娛樂用市場產值在2015年僅114億美元，2025年估可達1,464億美元。

（二）第三代半導體材料股-科銳（CREE-US）

科銳（CREE）、日亞化（NICHIA）、歐司朗（Osram）、豐田合成（Toyota）等都是全球LED龍頭廠商，LED產業供過於求，LED價格殺價隆隆，CREE在2014～2016年股價表現差。

CREE在2017年積極布局第三代半導體材料，其中碳化矽（SiC）佔全球SiC產量60%，具領先地位，CREE2017～2018年股價成漲倍股，因而帶動台股相關股如漢磊（3707）大漲1.04倍、嘉晶（3016）大漲3.5倍。

圖2-2：CREE受惠第三代半導體材料題材 2018年股價上漲

資料來源：鉅亨網-科銳（CREE）

第一代半導體材料是指矽、鍺，第一代半導體材料在2019年時佔半導體材料市場市佔率約80%是市場主流。第二代半導體材料以砷化鎵（GaAS）等化合物材料為代表，需求以LED、無線通信、光通信等為主。砷化鎵股穩懋（3105）、宏捷科（8086）、全新（2455）等常成為台股鎂光燈下的焦點，不過砷化鎵發展時間20年在半導體材料市場市佔率也才僅20%。

第三代半導體材料以碳化矽（SiC）和氮化鎵（GaN）為主軸，具高溫、高壓、高功率、高頻及抗輻射等特性，SiC磊晶製程需溫度控制在1,500至1,700度才能彎曲變形，這是目前矽、鍺無法做到的。

SiC較矽有高功率承受能力，先導入的領域為太陽能及儲能中的逆變器（inverter），及電動車的應用，如車載充電器、AC（交流電）／DC（直流電）轉換器等，有助於縮短充電時間、縮小系統及電池體積、減輕車身重量、增加續航力等。隨著5G、雲端運算、工業4.0及新能源車等的發展日益蓬勃，人們對高效率電力電子產品之需求更是殷切，SiC在光電領域方面可實現，估SiC市場2017至2023年的複合成長率約29%。

GaN則較矽有更高切換頻率，符合5G設備需求，GaN除可協助改善汽車傳感器之性能外，在快速充電、高亮度LED及5G無線基地台等領域之應用上更具明顯競爭優勢。GaN市場則受惠於Apple考慮將GaN技術作為智慧型手機之無線充電解決方案，快充也將都以GaN為材質，2017至2023年GaN應用於電源市場複合年增率約達93%，應用在5G射頻GaN市場年複合成長率約22.9%。

CREE是全球市佔最大的SiC基板供應商，因受惠第三代半導體材料想像題材股價大漲。台股磊晶股EPI（Epitaxy）除受惠CREE股價大漲，在2018年時也因MOSFET、二極體缺貨，磊晶價格在2017年時約80美元，2018年3Q就漲至100美元。磊晶是製造電晶體技術，就是生產半導體晶粒，當時磊晶價格大漲使漢磊、嘉晶等股價大漲。

全球大廠都積極在擴增SiC產能，CREE估至2021年2年內增加1倍產能。

Norstel（瑞典廠商；被意法半導體合併）、新日鐵住友、嘉晶、世界先進等都積極投資SiC生產線。全球都在積極擴產第三代半導體材料，但由於SiC／GaN認證需要2至3年的時間，對獲利發酵期較慢，這是第三代半導體材料受惠股的罩門。

（三）雲端網路設備大量建置-思科（CSCO-US）

由於亞馬遜（Amazon）、臉書（Facebook）、谷歌（Google）、微軟（Microsoft）等網路服務供應商（ISP）資料中心網路基礎設備積極建置，2018年全球雲端基礎架構即服務（IaaS）產值年成長達31.3％。掀起100G交換器（Switch）世代交換機潮，思科於2018年時股價不斷地創新高，也帶動台股網通龍頭股如智邦（2345）等股價不斷創新高。

思科2000年3月受惠網路（.com）狂潮，總市值曾高達5,554億美元，是當時美股市值王，當時與核能股奇異電子（GE）互爭股王不分軒輊。思科能成為市值王，主要是透過不斷地併購擴充企業版圖並創造更大綜效。但思科因企業擴充太快，財務周轉能力轉差，及對網路泡沫適應不及，股價由2000年高峰84美元跌至2002年10.32美元，市值王曇花一現。

圖2-3：2018年全球基礎架構即服務大幅成長 思科受惠大漲

資料來源：鉅亨網-思科（Cisco）

但思科經過企業組織有效重整後產品定位清楚，在高階交換器市場、數據中心處理儲存資料量、數據中心處理流量市佔率都超過一半，遠高於華為（HUAWEI）、Arista（ANET）、惠普（HP）等廠商。但儘管網通硬體實力強勁，但思科在2000年至2019年時市值始終維持2,000億美元左右，無法恢復過去5,000億美元榮景，主因為企業流行建置私有雲，亞馬遜、微軟、谷歌的雲端服務是自行建構網路，白牌交換器趁虛而入，華為、智邦等廠商加入競爭。多角化經營績效不佳，緩慢的軟體業務成長不利轉型，不如蘋果在App、服務、穿戴裝置等多角化經營成功。

網通設備產業願景佳：

（1）2019至2023年全球資料中心流量複合成長率17%，全球超大型資料中心數量增至2021年的628座，400G交換器世代交替。

（2）市場越來越接受白牌網通設備：商業機密易在網通設備維修過程中竊取。中國廠商華為（HUAWEI）、中興通訊（ZTE）有竊取機密疑慮，歐廠如諾基亞（Nokia）、易利信（Ericsson）價格偏貴。購買白牌網通設備自行裝置、維修最為安全，白牌設備對智邦等有利。

（3）智慧網卡（Smart NIC）：智慧網卡是一種網絡接口卡，可卸載大約30%的CPU處理，這有助於CPU運行高流量的AI深度學習流程。智慧網卡可落實全球軟體定義網路（SDN）功能，估SDN市場至2023年成長至228億美元，2019～2023年複合成長率26.8%。

（四）有機發光二極體（AMOLED）取代LCD（液晶顯示器）-環宇顯示（Universal Display；OLED-US）

環宇顯示OLED（Universal Display）是AMOLED面板小分子材料及技術轉移收權利金廠商。大陸中小尺寸AMOLED產能在2018至2022年複合成長率將達59.4%，市場看好AMOLED面板的滲透率，2018年環宇顯示的CFO（首席財務長）曾估環宇顯示2020年獲利5美元，將較2016年成長5倍，股價受激勵漲幅達

圖2-4：環宇顯示因AMOLED取代LCD是時代趨勢 2017年股價大漲

資料來源：鉅亨網-環宇顯示OLED

140%，生產AMOLED面板的觸控感應器的台股和鑫光電（3049）受惠美熱門股也旱地拔蔥股價大漲163%。

AMOLED面板具有自發光性、廣視角、高對比、反應速度快等優點。因不需背光模組，因此消費性電子產品厚度可做得更薄、更輕，AMOLED面板在製作全螢幕工藝比LCD面板更簡易。軟性可繞式AMOLED面板可製作3D曲面手機、可摺疊手機等將會使手機更流線、更美觀。

AMOLED取代LCD是時代趨勢。2019年平面顯示器總產值約1,100億美元，其中LCD約833億美元，AMOLED約251億美元（佔比22.8%）。估AMOLED營收將在2025年增長到485.53億美元，LCD將在2025年下降到714.39億美元，AMOLED面板將佔平面顯示面板產值比重上升至40%。

但即使像AMOLED面板這麼看好的產業，成長過程也不是那麼順暢：

（1）銷售量波動大：如蘋果、三星、華為等手機銷售量常因國際經濟變動而大幅波動，如2018年手機用AMOLED面板出貨量成長34%，就遠低於原先倍數的預期。

（2）價差問題：如2019年蘋果手機AMOLED面板模組價格約90.5美元，遠高於LCD面板模組成本約70美元，使AMOLED面板的滲透率不如預期。

（3）LCD面板技術可能會突破：LCD大廠近來積極整合LCD背板上的新一代FOD（屏下指紋辨識）技術，亦即直接在LCD背板上加製一層影像感測器，若此技術順利突破後，LCD面板就可以做屏下指紋辨識，屆時LCD手機有再起飛機會。

（五）裘莉基因檢測風潮-美股麥利亞德基因公司（MYGN-US）

好萊塢女星安潔莉娜・裘莉做基因檢測確定有家族罹癌基因，在2013、2015年時做切除乳房、卵巢手術。2015年美股MYGN因受惠裘莉基因檢測風潮，股價大漲78%，同是基因檢測股的台股創源（4160）也受惠大漲80%。

裘莉家族有5人罹癌，主要是有兩對染色體出問題。癌症的發生與基因遺傳有密切的關係，醫學證實至少有50種癌症以上都與基因遺傳有關，科學家在1990年找到第17號染色體上有一基因與乳癌有關，此基因被命名為BRCA1，隨後在第13號染色體找到BRCA2癌症基因。BRCA1或BRCA2基因與家族性乳癌／卵巢

圖2-5：麥利亞德基因公司受惠裘莉基因檢測風潮 2015年股價大漲

資料來源：鉅亨網-美股MYGN

癌症候群有密切相關。

這二對染色體皆為自體顯性遺傳，如果媽媽有突變的BRCA基因，那麼她所生的每一個女兒都有50%的機會遺傳到突變基因，如果媽媽同時有BRCA1和BRCA2突變的話，那麼她所生的每一個女兒有90%的機會得到乳癌。

安潔莉娜・裘莉掀起基因檢測風潮。基因檢測要先定序，如染色體結構變異、DNA遺傳調控機制等做定序，定序跨國眾多的人類全基因體，建構人類基因資料庫，目的是提供人類基因體之遺傳變異資訊，藉此應用於疾病檢測、預防、個人化醫學等，生物醫學是先找出造成疾病的DNA片段，並且定出其序列上與正常人的差異處。

基因檢測通常是採口腔黏膜細胞及抽血檢查，基因檢測能推測你未來健康狀況，基因定序能仔細認識你的體質，再透過進一步的基因檢測分析，評估出對於每種疾病的罹患風險機率，為你做出最合適的健康管理與治療方式，達成有效的精準預防。

基因定序在2018年的費用已下降至3萬元，估2023年內將普及化到3000元以下，同時定序時間從1年以上，縮短為不到1天。全球基因定序市場規模估2018年至2022年年複合成長率26%。精準醫療的核心是針對各種疾病，特別是癌症，尋找其病變細胞所具有的基因變異，全球精準醫療市場規模估2018年至2028年年複合年成長率約10.64%，市場上看2,167.5億美元。

原物料價格大幅變動案例

國際商品價格變動也能創造受惠股股價奇蹟。國際原物料的大幅波動對國內很多產業影響很大，如原油價格波動影響塑化、紡織的利潤。銅價波動除影響電線電纜外也大大影響電子零組件產業。因此需密切注意國際商品價格變動。

以鈀金為例，在2005、2006年時鈀金價格由172美元漲至404美元，鈀金使用最大宗是製造牙科材料、首飾、外科器具等為主，也可用在航空、航海、兵器和核能等高科技的關鍵材料。鈀金大漲主因是傳聞汽車觸媒轉換器將以鈀金取代白金做為原料，因更嚴格的廢氣排放標準，使用鈀金更可減少有害廢氣排放。硬碟鈀材股光洋科（1785）在2006～2007年股價曾大漲11倍。

以肉品為例，因美國與歐盟牛肉貿易協議，2019年美國每年出口至歐洲的免稅牛肉，由1.5億美元增加至4.2億美元，加上非洲豬瘟疫情升溫，中國豬肉價格年漲43%，中國豬肉進口量年增達107%。美股泰森食品（TSN）及農業機械大廠Deere（DE）因受惠股價創歷史新高。卜蜂（1215）是國內加工肉品大廠，受惠豬肉大漲，卜蜂2019年股價表現亮麗。

以原油為例，2014年6月油價由107.7美元下跌至年底約跌至56美元，油價下跌常理對航空公司而言應是利多，估油價每桶下跌10美元，華航應可省下56億元，何況是跌50美元，但華航不僅沒賺到280億元，反而因承作原油期貨避險出現20多億元虧損。2008年發生金融海嘯，油價從每桶147美元腰斬至70美元時，華航又認列124.3億元未實現評價損失，只能說華航原油期貨避險操作績效不彰。

（一）2008年尿素價格飆漲案例

台灣農業佔GDP約僅1.8%，食品股炒作題材不多，股價牛皮。2008年金融海嘯時全球股市哀鴻遍野，但股性牛皮的全球農業股卻搖身一變變成農金概念股，農業肥料原料尿素價格由最低檔約1,400美元漲至2,600美元。美國農金概念股如孟山都（MON；被拜耳合併）、Potash（POT-NYSE）、Deere（DE-NYSE）等股大漲，台肥（1722）為台灣第一大肥料生產商，國內市佔率約七成，生產尿素廠商台肥2008年股價大漲108%，生產硫酸鉀廠商東鹼（1708）大漲287%，當時農業股難得轉變成農「金」股。（見圖2-6）

2008年時連續的天災襲擊亞洲，當時兩大稻米生產國緬甸、中國損失最為慘重。緬甸5月2日遭到熱帶氣旋「納吉斯」以190公里的時速橫掃伊洛瓦底江三角

圖2-6：東鹼受惠尿素大漲2008年股價大漲

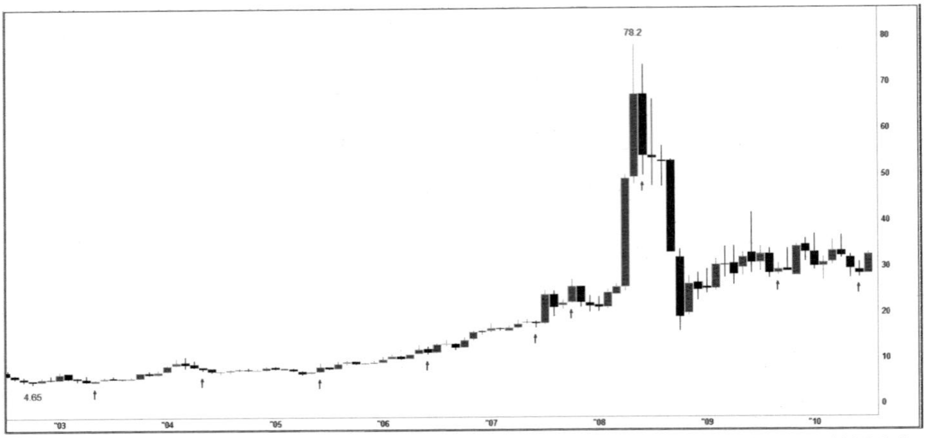

資料來源：精誠資訊

洲，造成緬甸有史以來最嚴重的自然災害，最終估計死亡人數超過10萬人。中國汶川5月12日發生大地震共造成69,227人死亡，地震讓越南、泰國同感強大威力，蘇門答臘兩度地震也震嚇印尼與馬來西亞。

因當時天災頻仍，農產品價格迅速攀升，國際油價也出現暴漲的走勢。美國等國受環境保護主義壓力制約石油產量，如挪威產量過去7年減少17%、英國更是減產44%、委內瑞拉石油產量較10年前減少近20%。除原油供需失衡外，油價飆漲因素很多如投機、幣值升貶、地緣政治風險、心理預期等因素，都造成當年國際油價出現暴漲飆升至每桶147.27美元歷史最高價位，因油價大漲助漲原物料漲勢，加上天災，尿素價格也跟之大漲。

尿素價格在2007年7月約1,400美元，2008年6月漲至2,600美元，鉀肥也曾一度衝高至4,000元／噸，農金概念股當年是發災難財，孟山都（MON）股價由20美元大漲至153美元、Potash由20美元大漲至76美元、Deere由30美元大漲至86美元。

（二）2016年鈷價飆漲案例

鈷應用範圍很廣，如合金、染料、鈷60放射源等，現主用於製造鋰電池的正極材料如鈷酸鋰等。1台電動車需鈷15kg（公斤），比NB的33mg（毫克）、手機的6mg多出太多。電動車對鈷的需求影響最大，全球電動車總量在2016年突破200萬輛，年增加60%，2016年7月鈷價由23,900美元漲至2018年3月的98,250美元，美琪瑪（4721）是生產硫酸鈷、硫酸鎳廠商，在2017年8月單月股價飆漲144%。

美琪瑪為全球最大PTA（純對苯二甲酸）氧化觸媒製造商，全球市佔率達40%，PTA氧化觸媒主要原料為鈷。美琪瑪（4721）成長重心已轉至新能源車用的電池正極材料硫酸鈷、硫酸鎳。

全球鈷有60%用於電池材料，在2016、2017年時鈷價大漲主因：

（1）2016年下半年開始全球各國相繼訂禁售燃油汽車時間表，中國在2016年10月決定不再核准新建傳統燃油汽車生產企業，這大大鼓勵電動車發展速度。

圖2-7：美琪瑪受惠鈷價大漲 2017年股價大漲

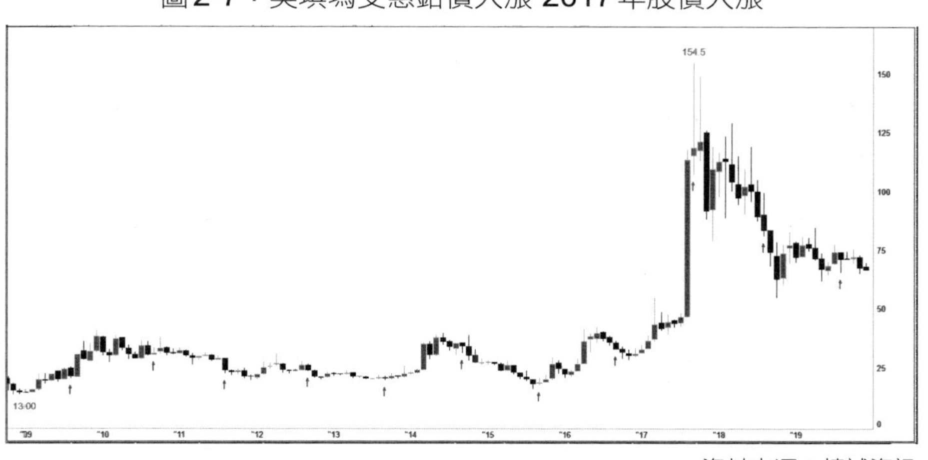

資料來源：精誠資訊

（2）全球最大的鈷資源生產國剛果政局動盪，嚴重影響了鈷原料的供應能力，推動鈷價持續上漲。

（3）瑞士創投Pala及中國最大原物料基金公司上海混沌投資在內的6家投資機構，因看好電動車業者的需求，囤積了約6,000公噸的鈷，相當於全球總產量的17%。

（4）蘋果直接接洽鈷礦生產商，用長約購買鈷以確保其iPhone和iPad所使用的鋰電池有充足的鈷供應。

（5）三元材料（鎳鈷錳酸鋰）電池因電動機車需求增加，從而擴大對鈷的需求量。

但鈷價很快地曇花一現，大跌原因在於鋰供給大增拖累：

（1）電動車補助減少，市場擔心影響鈷需求：美政府電動車補貼自2019年減半。中國新能源車補貼政策也將大幅減少國家補貼減50%，地方補貼全部取消。

（2）從2010年到2016年鋰電池因產能大增，價格由227跌至100美元，跌幅達77%，鋰電池廠商為降低成本特意壓抑鈷價。

（3）2018年鋰礦商大舉增產，南美洲、澳洲產地鋰供給大增。因鋰供過於求，美股鋰概念股SQM（SociedadQuímicay Minera）2019年股價走低。

（4）礦商嘉能可（Glencore）和洛陽欒川礦業的鈷產出都相當驚人，剛果礦場也增產，鈷的供給大增，雖然2018年全球電動車銷售量仍大增64%。但鈷、鋰價格依然下跌。鋰礦業者LAC（Lithium Americas）2017年股價大漲199%，但2018年卻大跌64%，足見原物料價格具暴漲暴跌特性。

（三）2018年鋁價飆漲案例

鋁是用途非常廣泛的原物料，除電子產品外，在營造建材如鋁帷幕牆、鋁面夾板、天花板、隔熱鋁材、百葉簾等建材已逐漸被應用。美國於2018年3月針對部分鋼鐵、鋁產品分別加徵關稅25%、10%。鋁價在2016年3月由每噸1,469美元起漲，至2018年4月大漲至2,463美元。

大成鋼（2027）是生產鋁捲、不銹鋼廠商，是美國不銹鋼與鋁捲板最大通路商，在美國市佔率約10%。另外大成鋼持有大國鋼（8415）30.2%，大國鋼為美國最大扣件進口通路商，有一定的競爭優勢。受惠於當時鋁價、鎳價大漲，大成鋼在2017年獲利1.25元，2018年獲利大幅增至5.83元，大成鋼在2018年時股價大漲190%。

在2016年底全球原生鋁供應持續出現缺口，2017年鋁消費比產量高出153,000噸，美國總統川普實施貿易戰，於2018年3月依據貿易擴張法232條款，針對部分鋼鐵、鋁產品分別加徵25%、10%關稅。課徵雙反後供應缺口更惡化，自此之後鋁價更是節節攀升，美國鋁業（AA-US）在2017年、2018年受惠這些保護政策股價由16美元漲至60美元。

至2018年時鋁供應缺口估擴大55萬噸，大成鋼為滿足美國市場一年高達90萬公噸的消耗量，遠赴全球各地搶貨，但仍無法滿足美國市場需求。更雪上加霜是

圖2-8：大成鋼受惠鋁價大漲 2018年股價大漲

資料來源：精誠資訊

美國2018年4月以干預美國大選為由，宣布對全球第二大鋁生產商俄羅斯鋁業聯合公司（United Company RUSAL Plc）等企業進行制裁，更加速鋁價大漲至2,463美元。大成鋼長期耕耘美國，是全美不銹鋼製品及鋁捲板最大通路商，網路交易占比80%，是名符其實的不銹鋼產業7-11，2018年受惠大缺貨獲利大爆發。

美國鋼鐵年需求量約1億多噸，在232條款實施前進口鋼鐵占了需求量3分之1，是全球最大的鋼鐵進口國，進口鋁材更佔據需求量90%。在實施後2018年美國鋼鐵進口量約年減12%，美國鋼價則從2018年初的每公噸620美元，一路漲到7月的920美元，漲幅接近5成，鋼鐵股如AK鋼鐵（AKS-US）、紐柯鋼鐵（NUE-US）、美國鋼鐵（X-US）等均受惠大漲。

原物料大漲來得快去得也快，部分鋼鐵鋁關稅豁免國家如加拿大、墨西哥、歐盟等國家鋁捲產品賣到美國，自己國內需用的部分再轉向跟中國等國家購買，美國鋁短缺情況很快紓解，鋁價很快又下跌。

原物料價格很難判斷因影響變數太大，如生產地國政策也深深影響原物料價格波動，如2014年時印尼禁止紅土鎳出口時，倫敦鎳價曾由1.5萬美元漲至2.16萬美元。

政府政策推升股價大漲案例

政府政策及法令規定變動會嚴重影響個股股價，在股市翻滾許久的投資人對政府的政策的意向很重視，也很敏感。如政府2,250億元瞄準台股、四大基金、國安基金動向、盈正案（警示投信）、唐鋒條款（警示大戶）、奢侈稅（警示炒房及高價品課重稅）、壽險業管理（如外匯準備金降低，10年內可減少2,700億元成本）、開放陸資QDII、產業創新條例修正案、投資智慧機械、5G得以抵減營利事業所得稅等政府政策，都深遠地影響相關類股股價。

（一）離岸風電開標案例：

全球風能協會（GWEC）估全球離岸風電2019至2030年新增的裝機量將達到156GW（十億瓦）。能源局規劃2020年目標520MW，2025年目標5,500MW，等於宣告預計台灣海峽上將豎立1,000支以上的風機，將帶動9,625億元投資額，台灣離岸風電商機被看好。

統計全球累計23年來的平均風速觀測研究，發現世界上風況最好的20處離岸風場，台灣海峽就佔16處，相對於台灣陸域風力機平均年滿發時數約2,400小時，台灣海峽的離岸風場年滿發時數可達3,000小時以上，效率更高。

工研院估台灣離岸風電可安裝面積達5,640平方公里，總裝置容量達29GW，足可撐起2,000萬住戶一年的用電量。台電2019年時購入每度發電成本，汽電共生2.06元、民營電廠2.87元、燃煤2.47元、煤氣3.24元、陸域風電2.43元、太陽能光電5.2元、離岸風力5.516元。估至2030年離岸風電每度發電的成本將降至1.66至1.85元，屆時競爭力將大增。

國際大廠紛紛來台投資如丹麥沃旭投資3,000億元、麥格理2,100億元、丹麥哥本哈根建設基金2,000億元、星玉山能源1,570億元、德國WPD 1,300億元等跨國大投資，估將帶給台灣風電零組件廠龐大商機，如風機安裝地下基座安裝、維護營運、零組件等商機台股風電概念股如世紀鋼（9958）、上緯投控（3708）、台船（2208）、永冠-KY（1589）、潤泰材（8463）等股受惠。

以世紀鋼為例，受惠離岸風電標案陸續開標， 2018年1Q股價大漲4.5倍。離岸風電商機想像大，如世紀鋼2018年獲利僅0.16元，但估水下基礎工程接單至少215億元以上，後續幾年陸續入帳，因此股價大漲。（見圖2-9）

但以上緯投控為例，2018年3月曾有某財經雙周刊報導，上緯投控原先估計建造成本是20多億元，最後花了40億元天價學費，整整多一倍建造費用的辛酸史。離岸風電風險在接單的工程進度、入帳時間、使用執照取得、停工損失（如天候等）、環保等。

圖 2-9：世紀鋼受惠離岸風電商機 2018 年股價大漲

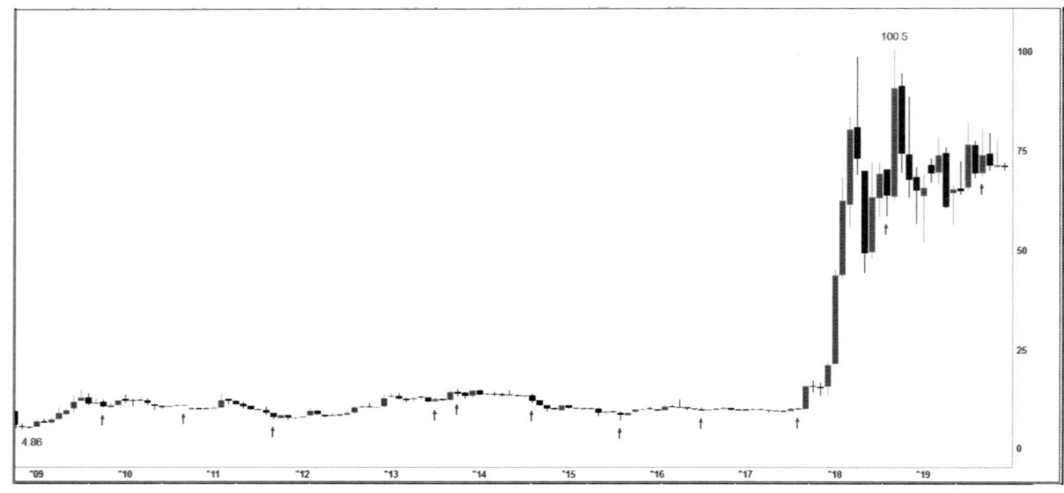

資料來源：精誠資訊

圖 2-10：衛福部積極推動細胞療法 訊聯 2019 年股價大漲

資料來源：精誠資訊

（二）開放細胞療法創新條例案例：

衛福部於2018年9月發布特管法，開放6項細胞治療技術，適用對象包括自體免疫細胞治療，用於標準治療無效的癌症病人與實體癌末期病人，免疫療法2019至2030年估複合成長率達31%，台股細胞療法概念股以基亞（3176）、訊聯（1784）、尖端醫（4186）等為主。基亞與日本合作夥伴Oncolys合作開發的抗癌溶瘤病毒藥物OBP-301，授權給國際大藥廠羅氏，估授權金額約140億元。訊聯建置符合GTP（人體細胞組織優良操作規範）的標準細胞培養實驗室，有慢性傷口癒合、退化性關節炎等細胞治療計畫案。基亞、訊聯受惠股價大漲。（見圖2-10）

細胞療法是用健康細胞來增強免疫力，對抗惡性癌細胞，或是培養自體細胞進一步修復取代失能細胞與組織，讓生命得到新生機會。細胞療法的做法是從人體中抽取血液或組織取出所需的淋巴細胞，如T細胞（T cell淋巴細胞）、較大顆的NK細胞（自然殺手細胞Natural killer cell）或幹細胞等，經過生技實驗培養出可供患者使用的足量細胞，再注射回人體殺死癌細胞，以達到治療癌症的目的。2019年全球腫瘤藥物市場規模約1,476億美元，估至2022年約2,018億美元，估至2030年約達4,000億美元。

（三）歡迎台商回台投資行動方案案例：

政府在2019年1月利用中美貿易戰契機，啟動歡迎台商回台投資行動方案。2019年第一季出口雖年減4.2%，但投資卻年增6.8%，房地產轉為活絡，商用不動產及土地總交易金額年增70%，六都4月買賣交易量年增28%，創下近五年來同期新高。營建股受惠最大，2019年第一季冠德（2520）股價大漲51%。（見圖2-11）

圖 2-11：受惠台商回台投資行動方案 冠德 2019 年股價上漲

資料來源：精誠資訊

圖 2-12：受惠中國新農合政策補助輸液 康友-KY 2015 年股價大漲

資料來源：精誠資訊

（四）中國計畫經濟商機案例：

中國計畫經濟商機也經常使台股相關股受惠股價上漲，如家電下鄉（台股面板股上漲）、開放二胎（麗嬰房（2911）、東凌-KY（2924）、友華（4120）等股上漲）。12-5計畫（有房住、吃豬肉、穿李寧、看液晶、菜籃子、享醫保）等台股相關股如康友-KY（6452）產品輸液等也受惠上漲。

中國新農合政策是帶動農村成長，對農民的補助逐年提高，例如為農民健康補助輸液，輸液是指經靜脈直接輸注水分、營養物或藥物，以提供維持生命的功能，農民自付額只要250人民幣，政府補助420元人民幣。大陸輸液需求量連年成長，從2015年到2019年需求量將從112億瓶成長到142億瓶，市場規模也將從270億人民幣，提高到328億人民幣。康友-KY 2015年獲利高達16.54元，2015～2016年股價大漲2.6倍。（見圖2-12）

以中國鐵道建設專案為例，中國鐵道投資在2007年投資約2,600億人民幣、2008年約4,000億人民幣、2009年約達7,045億人民幣，當時鐵道建設商機使陸股中國南車（601766）、中國北車（601299）、晉西車軸（600495）等股股價大漲，台股奇鋐（3017）因與中國南車有合作關係股價因而受惠，2009年奇鋐股價大漲368%。

站在風口上豬也會飛，跟著媒體跟著流行走

上市櫃公司有1,700檔以上，但每日成交值通常約千億元，要雨露均霑非常不容易，有量才有價是股市法則，通常沒量的股票即使業績佳或想像題材空間大也會因無量而璞玉蒙塵、股價沉寂。廠商為什麼要花錢登廣告，就是要博得消費者注意青睞進而掏腰包消費，媒體報導的焦點常會博取投資人眼光，進而獲得信心而進場承接。展覽會、法說會、股東會、科技論壇等常成當時媒體報導焦點，相關股票如站在風口上豬也會飛，因此需留意當時媒體報導方向。

（一）生技展常是生技股股價最活潑時刻

全球生技醫藥市場龐大，2019年醫藥品市場規模約1.2兆美元，遠高於全球半導體產值4,291億美元，生技公司如輝瑞（PEE-US）、羅氏（RHHBY-US）、諾華（NVS-US）、嬌生（JNJ-US）、默克（MRK-US）等都是跨國大企業。台灣積極投資生技產業，在2009～2019年約10年內投資超過1,500億元，如衛福部在2018年9月開放6項細胞治療技術。如在2019年6月衛福部串聯六大部會籌組「觀光醫療專案小組」，計畫加強健檢、美容觀光為主的國際醫療產值，爭取國際旅客來台做健檢、醫美，目標產值4年增加350億元等。

每年生技展不少，如美國生技展、中國生技展、台灣生技月，會場都會有很多論壇及新產品發表，經常激勵生技相關個股大漲。在2019年6月上海CPHi生技展時，國內生技股股價表現亮麗，如奈米醫材（6612）傳自有品牌人工水晶體植入系統，取得中國大陸國家藥品監督管理局（NMPA）上市許可證，完成跨入中國大陸白內障醫療市場，奈米醫股價大漲。如順天醫藥（6535）傳產品急性缺血性腦中風新藥LT3001通過美國FDA人體臨床試驗30天審核期，將進行第二期臨床試驗，順藥股價大漲。健亞（4130）傳因治療間歇性跛足新藥（PMR）完成在美樞紐性臨床試驗，符合主要療效指標，有望拿到美國藥證等題材，健亞股價大漲。

（二）高科技電腦展展示新科技創新狂潮

高科技電腦展常是媒體報導重心，2018年以來國際電腦展主題多是以建構全球科技生態系為主軸，包括AI、物聯網、5G、區塊鏈、電競、自駕車、虛擬與擴增實境等。如AI用5萬個AI演算法發展出皮膚健診系統，可偵測年齡、皮膚狀況，以及個人化的美容保養建議。如透過5G、物聯網及AI將智慧家庭的各個組件，如電視、燈光、智慧音箱等串聯在一起，創造卓越的生活體驗。如AI臉部辨識引擎及最新應用在智慧安控、智慧零售、智慧居家、智慧辦公室等多種IOT應用等。

高科技電腦展創新展覽較能激勵未來商機的想像空間，掀起股價良性蝴蝶效應。不過有些展覽屬性是促銷大拜拜，對股價幫助不大，如台灣電腦展每四月有一次（如4月春季電腦展、8月秋季電腦展、12月資訊月）就是屬於跳樓大拍賣。各項優惠活動紛紛出籠，如贈送資訊月獨家限量贈品、送耳機掛架、送音樂分享器、送超過萬元的電競椅等，因此對股價助益不大。

通常高科技電腦展都會舉辦高科技論壇，會邀請當時最具新聞性題材做為展覽主題，多以尖端科技先驅技術做為號召。如邀請超微CEO發表演講，暢談7奈米最先進產品的效能，激勵超微概念股祥碩（5269）等大漲。如邀請宏達電（2498）展示區塊鏈手機，是一支內建硬體錢包的手機，也就是使用者持有這支手機就等於持有自己的密鑰，保障網際網路安全，帶這支手機等於把自己的數位資產、數位身分隨時帶在身上。

（三）電競遊戲展是智慧與肌肉的全能展現

電競遊戲展是愈來愈有人氣的大拜拜，通常電競展場地氣勢磅礴，人氣鼎沸。以2019年6月的全球最大電競遊戲展E3電子娛樂展（Electronic Entertainment Expo）為例，展覽期間電競遊戲概念股如鈊象（3293）、傳奇（4994）、微星（2377）等股股價表現亮麗。

美國電玩比較偏向智慧與肌肉的全能展現，因美國電玩展美式英雄、冒險等遊戲占大宗，如戰地風雲5、Apex英雄、戰爭機器等。日式電玩偏陰柔智慧型，如智慧迷城、怪物彈珠、寶可夢等。台式手遊如明星三缺一、金猴爺、風之國度、寶可夢、三國系列，偏向日、韓手遊系列。

2019年時電競產值佔遊戲產值僅約0.67%，規模還是太小，目前電競最大突破點在谷歌推平價的雲端遊戲串流服務（Stadia），可不用遊戲主機，直接在PC靠點擊就能在不同平台遊玩，這是遊戲產值技術大躍進，谷歌只收費9.99美元就可玩4K等級遊戲，估計進入5G時代Stadia產值成長將更驚人，谷歌電競平價化趨勢估將使電競產值成長速度加快，2019年全球電競市場營收約11億美元，估2022年將達到17.9億美元。

(四)蘋果、亞馬遜、谷歌、臉書年會是軟體創新大會

蘋果全球軟體開發者年會(WWDC)大會是科技界的創新搖籃，雖然蘋果硬體銷售陷入瓶頸，蘋果軟體功能不斷加強常令市場為之振奮，常使受惠股大漲。如蘋果iPhone推新功能將支援雙藍牙音源輸出，可讓兩個配戴AirPods藍牙耳機的使用者，同時接收同一台iPhone的不同音訊。真無線藍牙耳機(TWS)概念股瑞昱(2379)股價就受惠上漲。

如iPhone將採用更大的電池容量和雙向充電功能，讓用戶可以把AirPods和Apple Watch放在iPhone機背上充電，電池板受惠最大，欣興(3037)電池板單價高於前一代75%，欣興股價在2019年3月曾受惠電池板題材大漲。

蘋果WWDC較著重軟體更新，軟體服務功能不斷升級：

(1)讓人工智慧Siri更聰明：如Siri 不斷加強新功能，如可以自動幫你訂咖啡、設置日程、甚至還能在你忘記鑰匙的時候提醒你丟在哪裡。

(2)車用服務功能：如iPhone 連接到CarPlay時，迅速取得路線指引、撥打電話、收發訊息、聆聽音樂等。

(3)健康App：如健康、健身數據有更詳細的趨勢分析，如增加監控噪音分貝，如與對女性超實用生理週期紀錄與預測功能等。

(4)生活樂趣功能：如Animoji(動畫表情)可製作你人臉的3D影像，透過Animoji連結動畫效果，可以讓畫面中的卡通角色跟著你的表情一起變化等。

(5)股市的看盤設計：可以看到股票全天走勢，並打通News應用，方便看最新的財經新聞。

由於蘋果服務內容不斷充實提升，持續增強蘋果競爭力，得以建造高科技蘋果

王國。

谷歌、微軟、臉書、亞馬遜等高科技大廠的開發者大會也非常具影響力，每次開發者大會都不斷創新催化未來獲利再進化。包括AI、物聯網、5G、區塊鏈、電競、自駕車、虛擬與擴增實境等都是創新重點：

（1）AI功能再精進化：如改版的谷歌Assistant（個人助理）較現有版本反應速度快上逾10倍，如講Hey Google.Let's Drive，就會開始導航，尋找最快到達此地點的捷徑。如啟用Live Reply在通話過程中，對方說的話會即時轉換成文字。如微軟的Cortana（小娜）可以像一位真正的秘書，用極似真人的語調為主管報告當日行程、安排會議室與會面時間等。臉書的Messenger通訊軟體推會議預約系統，該系統還可以與企業內部的行事曆作同步連動，以便企業更方便的與客戶安排會議、預約行程。

（2）AR花樣更多元：如谷歌在Pixel 3手機的相機內建Playground（操場）功能，可以讓授權的漫威人物透過AR，闖進現實跟用戶一起拍照外。Google map可導入AR，如當用戶正在搜尋某雙運動鞋，可以透過搜尋開啟3D影像，作為360度影像查看。

（3）遊戲平台更低廉化、更大眾化：如谷歌的雲端遊戲平台Stadia，可在平價裝置玩以前需要電競等級配備才能玩的電競遊戲。

（4）使用介面更人性化：谷歌透過軟體將錄下的語音轉成聲譜圖，讓盲胞方便使用。尖牙股能持續叱吒風雲，就是不斷投資研發費用紮實內容服務，進而鞏固其競爭優勢。

展覽題材愈來愈包羅萬象 新科技創新不斷前仆後繼

新科技創新展覽題材愈來愈包羅萬象，如工業4.0、多媒體大展、機器人展、智慧城市展等，都會舉行很多論壇發表新創主題，這都有助相關個股大漲。如

2019年3月舉行的智慧城市展，估計是值得開發的藍海寶藏，智慧城市概念股如台達電（2308）、群光（2385）等股價都受惠上漲，新科技創新展覽常帶來產業商機未來無限想像空間。

智慧城市主要是要結合數位網路、物聯網、AI及5G等創造資訊科技革命、數位革命、資訊革命、科技革命。第一次工業革命是利用水力及蒸汽的力量作為動力源，突破了以往人力與獸力的限制，第二次工業革命則使用電力讓機器生產機器的目標實現，第三次工業革命是使用電子裝置及資訊技術來增進工業製造的精準化、自動化。第四次工業革命（工業4.0）是智慧型整合感控系統，而且是高度自動化，一是製造本身的價值化，不僅僅是做好一個產品，在整個製造過程中達到零故障、零意外、零誤差，這就是製造系統的最高境界。

目前智慧城市解決方案含括智慧醫療、智慧建築、智慧教育、智慧能源、智慧交通、智慧安防等：

（1）智慧醫療研究估2017年智慧醫療聯網產值約270億美元，2021年將達720億美元，市場潛在空間大。發展安全監控服務，台灣已進入高齡社會，生育率連年降低，立即要面對長輩照護問題，納入AI與物聯網等技術的智慧照護是必然趨勢。

（2）智慧交通：包括智慧停車、智慧號誌、智慧導航…等，車聯網產值2017至2023年複合成長率25.4%。

（3）智慧城市：智慧城市產值估2019年～2023年複合成長率18.4%，估智慧城市超過70%投資交通、基建、能源上。智慧城市布局是包括充電樁、智慧路燈、儲能系統、智慧工廠的結合，讓照明、空調、監控等不同系統能相互連結，進行智慧決策。

（4）智慧教育：如RFID（無線射頻辨識；Radio Frequency Identification）的智慧圖書館管理系統，借、還書系統、圖書回收自動分類、管理系統，提高圖書館營運效率。

（5）智慧綠能建築：如群光大樓內有17,680個物聯網裝置，平均每天要傳輸約3,500多萬筆資料，可以節省45%的能源消耗成本及60%的營運管理成本。

發掘新技術新應用新商機

時代在變，產品的定義也在變，新的應用也可能創造出新的商機，大幅提升需求。以電池為例，三元電池芯（正極材料使用鎳、鈷、錳）用在手機需約2個，用在筆記型電腦（NB）需約4至8個，但若應用到電動車鋰電池使用量可高達7,000個。難怪Panasonic（松下）放棄家電產品全力衝刺電動車鋰電池市場，在2015年至2018年時電動車銷售量由55萬輛增至201.8萬輛，當時特斯拉（TSLA-US）股價大漲，鋰電池概念股康普（4739）、美琪瑪（4721）因受惠新技術新應用新商機股價大漲。

以5G基地台為例，5G基地台覆蓋的密度是4G的5至16倍，光纖用量更是4G的16倍，大陸4G建設經費只有1,600億人民幣，但5G初估投入經費要高達2,500億至3,500億人民幣，幾乎是倍增。基地台4G有效距離1至2km，5G是0.2km，所以5G要布置的發射台數量是4G的16倍以上，基地台概念股如散熱模組、網通設備、功率放大器、射頻模組等，獲得新應用新商機2019年股價大漲。

（一）低軌道衛星通訊解決通信盲區：

全球有一半地區因地形或地物限制無網路服務，若應用低軌道衛星通訊可解決通信盲區，市場報告分析未來小型衛星製造業產值估2018年至2027年將有220億美元的低軌衛星製造市場及160億美元的衛星發射市場，將創造將近380億美元商機。市場對微波元件、小型衛星地面終端設備前端射頻元件等有龐大需求，新技術新應用帶來新商機。昇達科（3491）是微波元件、天線、射頻元件廠商，是典型低

圖2-13：昇達科受惠低軌道衛星商機 2019年股價大漲

資料來源：精誠資訊

軌道衛星受惠股，昇達科在2019年7月因接到低軌道衛星訂單，股價受惠創新高。（見圖2-13）

早期對阿姆斯壯等太空人登陸月球被認為是何等偉大及耗費的龐大工程，當聽到特斯拉CEO馬斯克發表Starlink（星聯）計畫，在2019年5月一次發射約60顆低軌道衛星（離地表300公里至1,500公里），星聯計畫將總計發射1萬2,000顆衛星，認為是極度耗費龐大的工程，因之前每顆衛星大規模生產成本約5億美元，粗估星聯計畫至少需花費6兆美元之巨，所以認為不可思議，應僅是炒新聞。

但事實不然，OneWeb表示目前每顆衛星若大規模生產，造價已由每顆5億美元降至50萬美元，以此換算星聯計畫估花費60億美元即可達成，且發射衛星費用大降，發射衛星費用由2億美元降至6,000萬美元，若重複使用可降至500萬美元，因此步入外太空，漫遊馬斯克的星聯計畫應有機會達成。

馬斯克的Space X公司啟動星聯計畫，主旨是讓人們在地球的任何角落都可以享受高速上網的服務。馬斯克的獵鷹火箭將特斯拉敞篷車在2018年2月送上火星，同年4月再順利將獵鷹火箭升空開始商轉，利用衛星訊號傳至飛機上網，其網路訊號稱Ku波段，Ku速率可達30至40Mbps，並不低於全球4G的平均下載速度約26.98Mbps，宣稱將推改良版2Ku，號稱速率可達光世代要求的100Mbps。

馬斯克的Space X、Amazon、軟銀、Google、中國等競相發射衛星搶奪太空龐大商機，馬斯克的星聯計畫將於2020年商轉、Amazon的柯伊伯計畫（Project Kuiper）計畫發射3,236顆、中國也計畫將發射272顆，估到2040年全球太空產業一年產值將超過1兆1,000億美元，是2019年智慧型手機全球一年銷售額的2倍。要維持上述所發射的衛星系統正常運作，每年需要重覆製造的衛星相關設備約有340億美元商機。

（二）5G、雲端商機讓散熱模組鹹魚翻身

散熱模組過去給市場印象屬成熟性電子產業，早期散熱產品技術以混合式散熱（鰭片+風扇）為主，桌上型電腦運轉時，當中央處理器（CPU）熱到了一定溫度時，風扇會全速運轉幫助系統散熱，但風扇噪音大及散熱效果有限，因此有散熱片、導熱管、均熱板、石墨烯薄膜、3D液態散熱等世代交替產品不斷進化推出。

散熱模組由風扇、散熱片、導熱管，再進化改成均熱板，價格、利潤進階上升，2019年熱導管單價約0.6美元，5G基地台均熱板價格可達1.5至3美元，可提高散熱族群的營收及獲利。雙鴻（3324）是散熱模組廠商，2018年獲利僅2.04元，受惠新應用、新技術創造新商機，2019年大增至約13元，在2019年股價大漲4.3倍。

散熱模組通常用鋁、銅做介質，導熱係數鋁約200、銅約380都不高。石墨散熱片導熱係數提高至1,200至1,500，金剛石導熱係數達2,000，導熱係數雖較高，但是材料比較薄、截面積小，所能承載的熱流也有限，因此市場石墨片流行最久。進化版石墨片如加矽脂凝膠散熱劑、如在石墨片上設計一層金屬導熱板、如加鋼托把熱量均佈在截面積及鋼托上，避免局部集中熱點等不斷進化。

圖2-14：散熱族群受惠5G、雲端商機 雙鴻2019年股價大漲

資料來源：精誠資訊

不過因無線充電、快充、AR、多鏡頭等新配備所產生的熱量，讓手機處理器愈來愈容易產生過熱問題，石墨片散熱再如何進化還是漸漸不符手機散熱的要求。2015年4G手機大量使用熱導管，熱導管技術是一個充滿液體的導熱銅管，用熱管中的液體吸收熱量氣化，這些氣體會通過熱管到達手機頂端的散熱區域，降溫凝結後再次回到處理器部分，周而復始，從而進行有效散熱，也可以稱之水冷散熱。熱導管傳熱係數可達5,000W遠高於石墨片1,200W，使用熱導管比石墨片CPU溫度可散熱降低6至10度，機殼溫度也可降低2至3度。

新應用帶來新商機，5G手機功耗約在5至7W（瓦），比4G手機3.5至4W多出2倍。較新平台伺服器散熱功耗就比前一代高很多，如較新平台Whitley散熱功耗約230W比前一代Purley的約185W高很多。4G基地台功耗約100W，5G約達200W 以上。由於時代需求，2019年均熱板、石墨烯等新技術興起，均熱板傳熱係數比熱導管高上20～30%，面積更大更能均勻分散並有效散熱，使元件不穩定性降至最低，增強元件的可靠度及壽命。

石墨烯傳熱係數約5,300雖然不如均熱板，但石墨烯能轉換熱能成遠紅外線，

圖2-15：熱導管傳熱係數可達5,000W遠高於石墨片1,200W

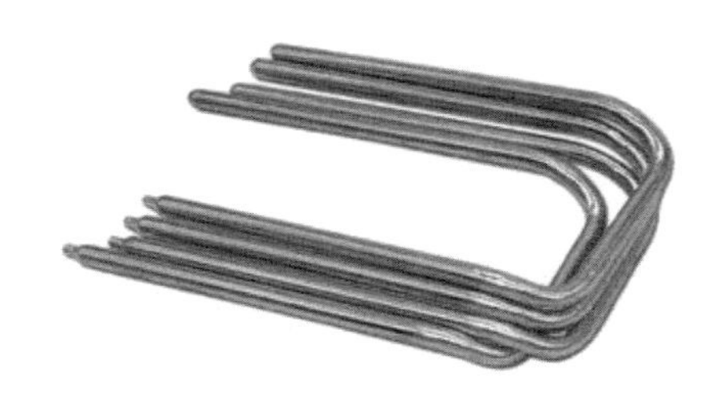

圖2-16：均熱版傳熱係數更高最能符合5G需求

不會令人感覺燙手，石墨烯因是靠熱輻射，能將手機熱量快速散發出去。2018年華為手機就採石墨烯加均熱板的組合散熱方案，效能較上代提升約50%，溫度也下降了3度以上。2019年華為手機再用熱導管加石墨烯組合散熱，消費者在實際操作電玩遊戲時評價很高。

2018～2023年散熱產業年複合成長率約8%，但智慧型手機散熱產值年複合成長率可達約26%，手機在4G使用散熱模組成本2～3美元，但5G之後成本上升至5～10美元，所以手機散熱可放大利潤。2019年至2023年全球電競筆電年平均複合成長率將可達8.4%，由於電競散熱價格較高約5～10美元，至2023年出貨量可達2,680萬台，換算商機潛力大。5G高階手機市場估有6～7成會採用均熱板、3～4成則採用熱導管，均熱板滲透率增加對散熱模組利潤大有幫助。

散熱模組在車用方面也具潛力，IGBT（Insulated Gate Bipolar Transistor；絕緣柵雙極型晶體）主要功能為電動車逆變器功率模組的散熱冷卻，提高逆變器效率與壽命，佔整車成本的7～10%，是除電池之外成本第二高的元件，也決定了整車的能源效率。電力機車一般需要500個IGBT 模塊，電動車組需要超過100個IGBT模塊。2016年全球電動車銷量約200萬輛，共消耗了大約9億美元的IGBT管，平均每輛車大約450美元，是電動車裡除電池外最昂貴的部件，若2025年電動車估1,900萬輛，IGBT商機潛力大，對概念股健策（3653）有利。

雖然散熱模組鹹魚翻身，仍需注意下列風險：

（1）價格變化：還是要注意市場價格波動，2015年時熱管價格1.5美元左右，但受到市場大量需求，中國競爭者加入下，曾在2017年大幅下降，最低價格曾低至0.2～0.3美元。

（2）產能供需：各散熱族群為因應未來需求紛紛擴大產能，如超眾（6230）熱板的產能由120萬片增至250至300萬片，泰碩（3338）熱板由30萬片擴到200萬片，雙鴻（3324）由600萬片擴增至1千萬片，因此散熱族群有業績具爆發力，但也有供過於求風險。

（3）規格精緻化技術需跟上：如高階散熱需更薄，工藝更加困難。

（三）發光剪刀腳鍵盤讓鍵盤族群發光發亮

鍵盤是成熟性3C產品，但創新還是有機會殺出血路創造高利潤。過去傳統式鍵盤如機械鍵盤、薄膜鍵盤（高鍵帽）、巧克力鍵盤（矮鍵帽）等，因技術成熟門檻低價格直直落，一般筆記型電腦（NB）鍵盤約8至12美元，利潤不再，但蘋果新設計的發光剪刀腳鍵盤單價估25至30美元，發光剪刀腳鍵盤概念股精元（2387）、科嘉-KY（5215）茂林-KY（4935）受惠新技術新應用股價表現亮麗。

傳統式鍵盤利潤不再，不過蘋果不斷推新產品，在2015年推出創新的蝶式鍵盤，市場反應驚豔熱賣。所謂的蝶式鍵盤的關鍵部件在銜接處只用單一部件組成的原件，並不像機械的剪刀腳結構是兩個部件的結構，因此NB機身厚度可更薄，比之前的機械結構減小了40%。蘋果的蝶式結構採用了玻纖布尼龍材質，因此蝶式鍵盤單價較傳統舊款高出2至3倍。

但蝶式鍵盤長時間使用後發現故障率太高，出現鍵盤雜屑不易清理、敲擊體驗不佳、鍵盤會字元重複或未出現、按鍵卡住等諸多問題，所以蘋果之後積極改款連續推了3代蝶式鍵盤。也因這幾代蝶式鍵盤無法有效改善缺失，抱怨聲連連，市場反應欠佳。

2019年蘋果新推NB捨棄蝶式鍵盤改採用剪刀腳鍵盤新改良設計，剪刀腳鍵盤提供較長鍵程來改善打字效率，也以玻璃纖維強化按鍵結構來提升鍵盤耐用度，新設計的剪刀腳鍵盤單價高於NB鍵盤約3倍，科嘉-KY是生產薄膜觸控開關（MTS）廠商受惠最大，蝶式鍵盤不需使用薄膜觸控開關，但剪刀腳鍵盤必須使用薄膜觸控開關，科嘉-KY在2019年時股價大漲2.6倍。

發光鍵盤是在鍵盤按鍵時或光線較暗時面板上會發光，可以在夜晚不開燈的情況下也能清楚的看到按鍵字母，如公司做簡報時會議室通常是暗的也需用得到。由於NB是隨身攜帶的電子產品，若遇到光線不足時發光鍵盤是很有效果。蘋果NB產品改成發光剪刀腳鍵盤估2021年滲透率達100%，對導光板供應商有利，發光剪刀腳鍵盤用的導光板價格比一般導光板價格可高出五成，茂林2019年股價大漲。（見圖2-17）

（四）閃電（Thunderbolt）連接線讓連接器烏鴉變鳳凰

連接器同屬成熟性3C產品，但高規格連接器如USB3.0售價約1.6至3.2美元，如Thunderbolt連接線可達21.6至33美元，較一般Type-C連接線產品單價約在 0.25 美元高出很多。宣德（5457）是生產連接器廠商之一，可生產高規格連接

圖2-17：受惠蘋果發光剪刀腳鍵盤商機 茂林2019年股價大漲

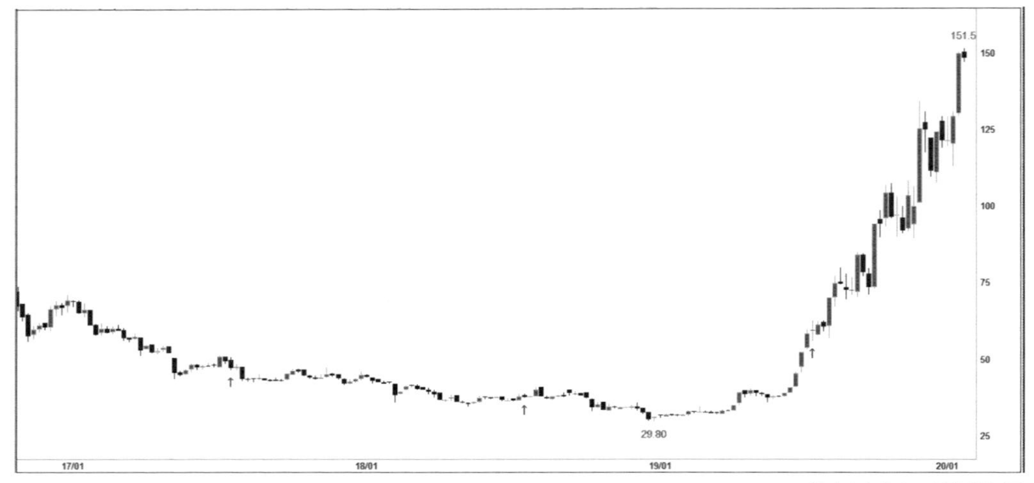

資料來源：精誠資訊

圖2-18：蝶式鍵盤創新但不實用（右邊）剪刀腳鍵盤成主流（左邊）

剪刀腳結構

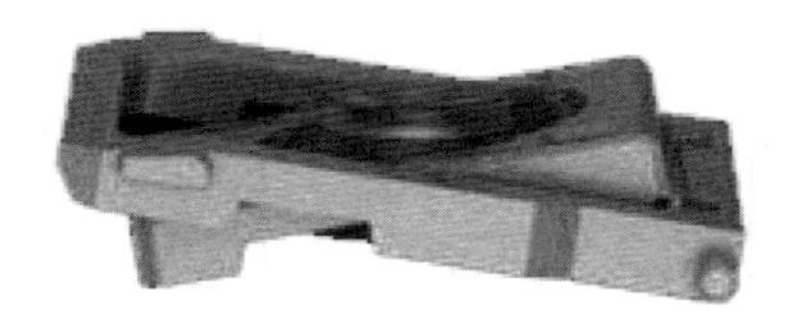

蝶式結構

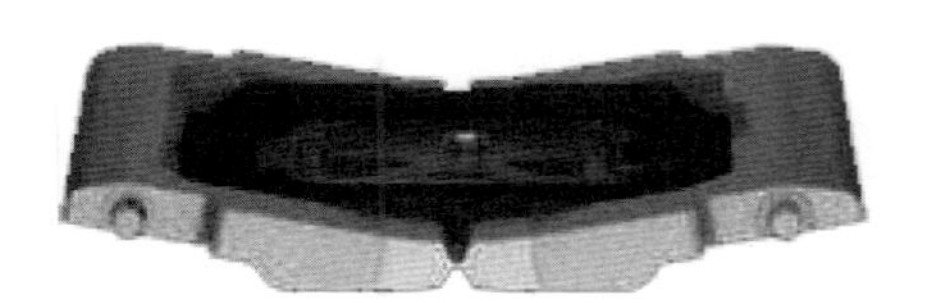

線，2018年營益率由1.78%增至6.29%，受惠財報利多2019年股價大漲57%（見圖2-19），連接器廠商也可因新應用創造新商機。

因筆記型電腦、平板電腦、手機輕薄化趨勢，連接線接孔逐步減少等的衝擊，全球連接器產值2013至2015年時每年成長率約在1～1.5%間，連接器成長幅度明顯減緩。但連接線在Type-C、快充、無線充電等新應用，2017年產值成長10.5%、2018年成長11.2%，連接器產值明顯回升。

全球連接線若統一規格，至少可減少5萬噸以上電子廢棄物，因此連接線改成Type C是必然趨勢。Type C是對稱式介面設計，不用考慮插頭正反面，使用者不需擔心插頭插反了而弄壞手機。Type-C 性能比之前代微小通用序列匯流排接頭（Micro-USB）優且Type-C 傳輸速度10Gbps比 Micro-USB提高了十幾倍。Type-C滲透率速度慢，主因是如換成Type-C將使原本的傳輸線都無法使用，消費者轉換意願不高，改變現況需有帶頭者來引領，如領頭羊蘋果等大廠產品全面使用時市場起飛速度才會加快。蘋果的NB搭配Type-C，有領頭羊引領NB用Type-C滲透率由2016年32.8%大增至2018年約73%。蘋果的手機尚未搭配Type-C，因缺乏領頭羊2018年時手機Type-C滲透率還不到30%。

快速充電也讓連接器附加價值提高，快速充電是要提高充電的電壓及加大電流，來更快速將電池充飽。在2019年網站測試OPPO的65W功率的超級閃充器30分鐘可充電池100%，閃充比過去一般手機快上5至10倍，閃充及照相功能再進化是中國品牌手機銷售量大幅成長最大功臣。5G手機耗電是4G的2.5倍，估快

圖2-19：生產高規格連接線營益率上升 宣德2019年股價大漲

資料來源：精誠資訊

速充電滲透率會加快。

無線充電的原理是通電後讓線圈產生磁場，電轉磁、磁轉電的過程，將電能傳輸到手機當中。雙向無線充電或許是成長誘因，如當你出門在外朋友的手機沒電的情況之下，也可直接背靠背的幫對方的手機充電，也可將具無線充電的真無線藍牙耳機放置於雙向充電的手機上，也能將耳機充滿電量。不過無線充電的充電效率慢、產生的熱能高，是讓無線充電滲透率無法如快速充電快速的主因。市場預估無線充電滲透速度緩慢，滲透率2016年5%，估2020年僅約13%，無線充電要普及須先改善充電效率瓶頸。

企業重整成功值得鼓勵

每次股市大跌其實都是另一次財富重分配良機，而股市中浴火鳳凰的轉機股也不少，常常能創造出漲倍股，如超微（AMD-US）曾跌至2美元後漲至58美元以上。如鈊象（3293）曾一度跌至53.6元後漲至570元以上。

有些先例是股票下市後重整成功後再上市也能創造股價奇蹟，如億豐（8464）利用私募基金CVC（花旗集團）併購下市，結果徹底改造成功，近年獲利都有16元左右高水準。Dell（DELL-US）下市重整將重心擺在高利潤的伺服器及雲端服務上，轉型成功後重新上市市值超過PC龍頭惠普。精測（6510）雖曾一度大跌，但精測在RF（射頻）訂單大有斬獲，因5G對射頻所需數量大增，且大多數RF客戶改採精測的解決方案，精測射頻業務因而大幅成長，成為轉型成功典範。

（一）Sony（JP-6758）是轉型成功典範：

Sony的手機在2010年時市佔率達3.4%，當時Sony一年可賣出4,500萬支手機，但2019年已衰退至350萬支水準。遊戲機、電視、數位相機等硬體業務也同樣一路下滑。

在2011年曾虧4,567億日圓，Sony的市值也跌到只有三星（005930）的10分之1，只有蘋果（AAPL-US）的3%。但在2019年時Sony股價已非吳下阿蒙，市值上升是2011年時的7倍（見圖2-20），主因是Sony在軟體業務、遊戲網路服務、數位影像感測器獲利呈倍數成長，Sony成為轉型成功典範。

因精密光學鏡頭如多鏡頭、ToF鏡頭（有更佳AR體驗）、潛望式鏡頭、3D感測手機等預期成長性高，對上游的數位影像感測器（CMOS影像感測器）需求殷切，估CMOS影像感測器2019年出貨量61億顆，至2023年95億顆。由於Sony影像感測器市佔率最高達5成及遊戲、網路等服務業務維持穩定成長，Sony在2018年、2019年時股價因轉型成功表現亮麗。

（二）德儀（TXN-US）不求大求精而美營益率大增：

台灣半導體初期技術引進以德儀、IBM為大宗，宏碁（2353）曾和德儀成立半導體廠，德碁（已下市）是台灣第一家動態隨機存取記憶體（DRAM）專門製造廠，設立後營收成長非常快速。

圖2-20：Sony因轉型成功 2018年、2019年股價表現亮麗

資料來源：鉅亨網 - Sony（JP-6758）

但1997至1998年兩年來共虧損近百億元，因此決定拆夥。德州儀器隨後進行組織重整，決定退出手機晶片紅海市場，避免類似諾基亞（Nokia）、摩托羅拉（Motorola）、易利信（Ericsson）等手機廠商因手機競爭衰退後累積龐大鉅額虧損。

德儀轉型相當成功，是全球第8大半導體廠商，全球最大類比晶片供應商，市佔率約18%，類比IC產品生命週期往往可長達 10 年以上，故獲利與毛利都較數位晶片穩定的多，在利基型業務如工控及車用等利潤率高。德儀營運利潤率達41%，德儀2009～2018年獲利複合成長率在19.2%，2016～2018年股價大漲。（見圖2-21）

（三）黑莓（BB-US）痛定思痛斷尾求生成功：

黑莓手機曾是美國政府官員普及率最高的手機，曾因滑蓋式鍵盤及資安考量成為企業人士最喜愛的手機品牌。但因2007年隨著具有觸控螢幕和各式便利APP的手機如iPhone、安卓手機上市，簡易的黑莓機逐漸被取代，最後在2016年9月停止手機開發，股價由2008年高峰的138美元跌至2016年9月的8美元。

但黑莓在2017年時股價卻成漲倍股（見圖2-22），主因是靠軟體授權賺錢，黑莓轉型成功的關鍵在於將業務重心轉向獲利較為豐厚的軟體，特別是資安及物聯網技術等領域，黑莓收購擁有AI及機器學習技術的科技公司，將相關技術瞄準於應用在車用資訊娛樂系統中，百度自駕車平臺Apollo使用黑莓的作業系統QNX，黑莓娛樂系統授權可收取1.5至5美元，自駕車可收5至25美元，黑莓毛利率可達77%，黑莓轉型成功。

（四）立積（4968）受惠去美化商機：

半導體材料現可分三代，第一代半導體材料就是我們最為熟悉的矽或鍺。第二代半導體材料以砷化鎵（GaAS）、磷化銦（InP）等化合物材料為代表。第三代半

圖2-21：德儀因轉型成功 在2016～2018年時股價大漲

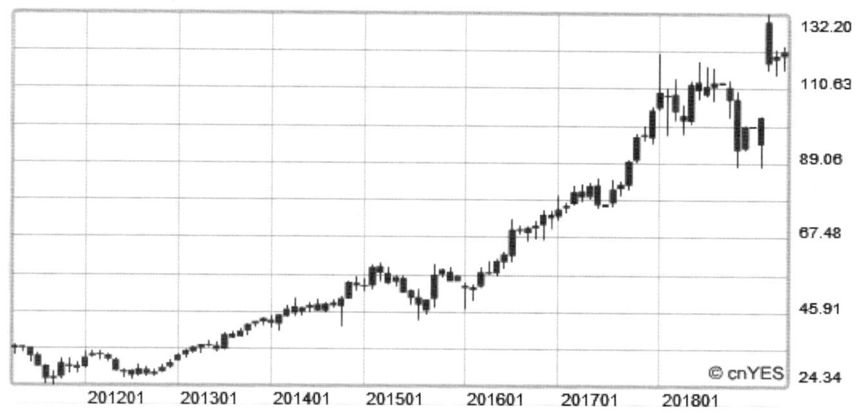

資料來源：鉅亨網-德儀（TXN-US）

圖2-22：黑莓開發軟體業務轉型成功 2017年恢復上市股價大漲

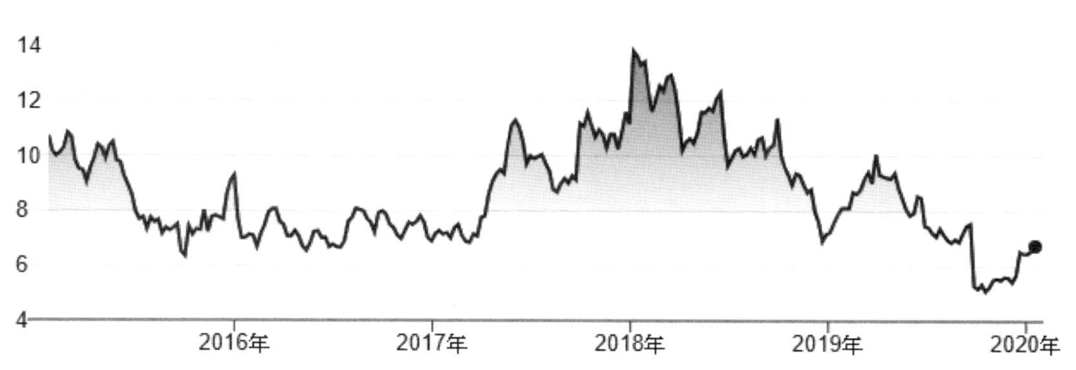

資料來源：GOOGLE

導體材料主要以碳化矽（SiC）、氮化鎵（GaN）、鑽石（C）為代表。

半導體材料每世代間的差別在於所謂的寬能隙，寬能隙數值愈大表示愈耐高電壓，越高飽和電子速度及愈高散熱係數。鍺約0.7eV（電子伏特）、矽約1.12eV與第二代砷化鎵1.43eV相距不遠，但第三代的氮化鎵（3.5eV）、碳化矽（3.26eV）在高溫、高壓、高功率、高頻及抗幅射等特性更是出色。

矽鍺、砷化鎵主要的應用領域為中低壓（200～1,200V），如NB、伺服器基地台，而SiC、GaN將集中在高壓領域（＞1,200V），如新能源車、智能電網快速充電等的逆變器器件。

立積是使用矽、鍺設計的射頻前端元件（FEM）廠商，立積曾在2011年虧2.93元、2012年虧1.57元，因獲利不突出因此股性並不活潑。但因2019年發生中美貿易戰，過去中國手機廠手機4G用FEM多採用美廠Skyworks、Qorvo的解決方案，中國為未來不再被美廠箝制及分散供應鏈的策略，積極下單給非美系供應鏈如立積，加上立積陸續獲得中國新標案。2019年射頻前端模組價格4G約10美元，

圖2-23：受惠中國去美化想像商機 立積在2019年股價大漲

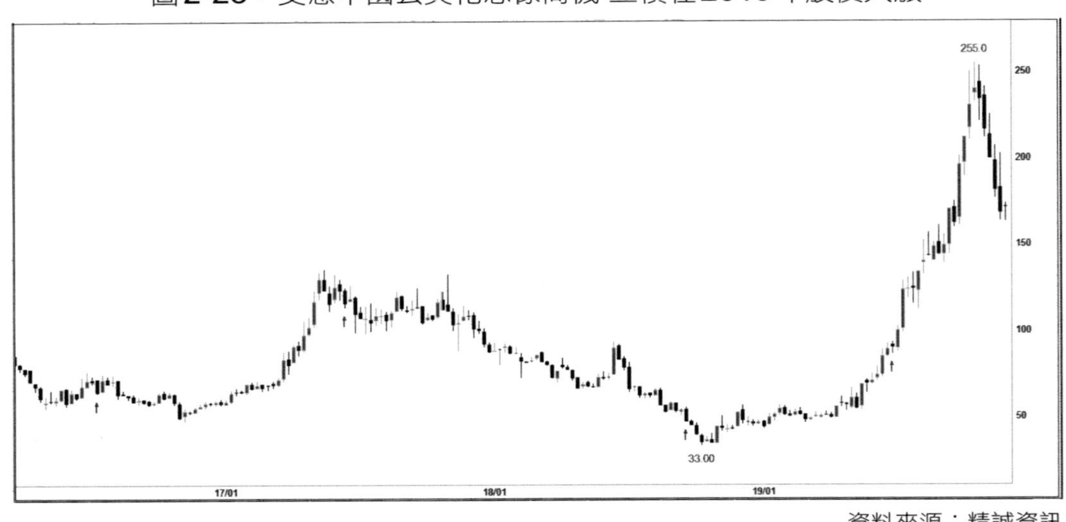

資料來源：精誠資訊

4.5G約18美元，5G估將超過50美元。2017年手機射頻前端市場150億美元，估2023年將達到352億美元，立積取代美大廠最具想像空間。因此當時法人樂觀估立積2020年獲利可達14元，立積受惠去美化風潮，2019年股價大漲。（見圖2-23）

去美化對IC設計最為有利，2018年美國IC設計廠商市佔率約68%，台僅16%，台廠具有取代優勢，但美廠也不是省油的燈，有18本對應策略，去美化商機仍需視該公司營收是否明顯成長趨勢而定。

第二部

避免Hero變Zero

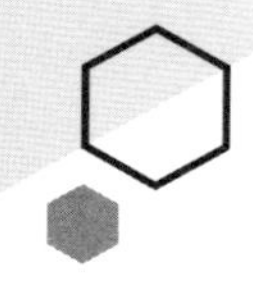

第三章

產品續航力如何判斷？

所謂快速成長的公司，要值得投資，一個重要的條件在於可以長時間的高速成長。有些企業，也許身處熱門產業，也許沾了政府政策的光，但是在股價的表現上，是屬於短跑選手，投資這樣的公司，如果不幸你買在它氣竭之前，搞不好還會套牢。當然，「未來」難以掌握，因此買進後，要持續的觀察其業績是否能跟上夢想。

以光通訊濾鏡廠統新（6426）為例，產品光通訊濾鏡應用在雲端運算、大數據的DWDM，DWDM是高密度波長多工器（Dense Wavelength Division Multiplexing）功能將各種不同波長的光合併到同一光纖或分開到不同光纖，DWDM其中零組件以光學鍍膜式濾鏡最重要。隨著雲端設備廠提升傳輸速度與容量，滿足影音傳送需求，DWDM展望佳，2016年出貨量約30萬個、估2024年可達400萬個，統新的未來夢想空間大。2016年獲利2.78元，當時估2017年可獲利7.56 元，2017年股價由34.3元飆漲至233元，但後來發現2017年1Q獲利達成率僅13％，表示業績無法跟上夢想，本夢比破碎續航力不足，2017年5月股價便開始大跌。

2017年全球機器人概念股大漲，如美機器人概念股Cognex（CGNX-US）在2017年股價大漲365％，日機器人概念那發納（JP-6954）大漲104％，台股如上銀（2049）因能自製成功機器人心臟而成機器人概念股，上銀也受惠股價大漲達330％。當時法人樂觀估上銀2018年獲利19.04元，2020年將可達23.37元。但2018年6月時發現訂單明顯下滑，9至10月的訂單更較6月減少25至50％，表示達成目標的續航力不足，業績無法跟上夢想，股價自此一路下跌。

被動元件（Passive element）：產業特性價格易暴漲暴跌

被動元件過去也被歸類為成熟性電子產品，國巨（2327）2012年獲利僅0.48

圖3-1：國巨獲利變化太大 股價也變化大

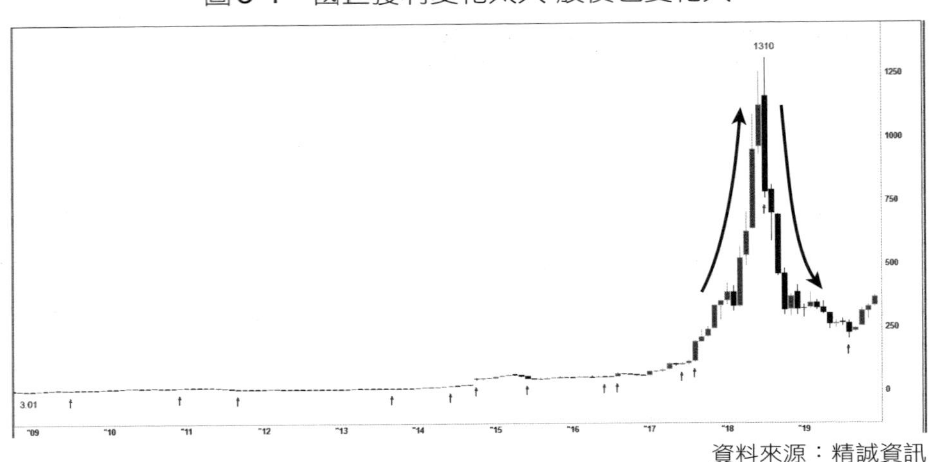

資料來源：精誠資訊

元，國巨十年磨一劍，2018年大爆發獲利衝至80.3元，營益率高達47.84%、同類股華新科（2492）達52.77%，轉機明顯。國巨2018年7月時股價突破宏達電（2498）的1,300元障礙達1,310元。但產業變化太快，法人估2019年獲利將驟降至18元，股價曇花一現在創下1,310元高價後，股價一個月就跌43%、半年大跌達78%，產業變動之快速令人咋舌。

被動元件大致分電阻器、電容器、電感器三大類。其功能簡單敘述是電阻器是調節電流大小，電容器是在電流瞬斷時釋出電荷維持電流穩定，電感器則是具有防止電磁波的干擾、過濾電流中的雜訊等功能。

被動元件2018年為何能脫胎換骨呢？主因在於手機、車用、5G等新技術，新應用的大量需求。積層陶瓷電容（MLCC）最大使用在手機，旗艦機如4G版iPhone手機的MLCC用量已經超過1,200顆，到了5G版使用量約1,500顆。一般中階手機MLCC數量也從大約400顆增加至500顆以上。簡單算法5G手機一年所能增加的MLCC顆數估可達234億顆之高。

汽車用MLCC成長也快，汽車電子化如GPS、藍牙、ADAS等皆需大量用MLCC。MLCC使用量傳統汽車消耗約1,000顆，汽車電子化就升至5,000顆，電動車估計跳升至1萬顆以上。若整體被動元件使用量換算，平均每台純電動車需要被動元件高達約1.7萬顆，比一般車3,000至3,700顆增加近6倍，車用MLCC的缺口在2018年時曾高達26%。

由於車用影音娛樂、先進輔助駕駛系統（ADAS）等安全系統及車聯網的需求與日俱增，2017、2018年車用約佔被動元件使用量15%至20%，估2030年將達50%，2019～2024年全球車用MLCC需求量年複合增長率約8%。

因手機、車用、5G等新技術、新應用推升被動元件需求，不過被動元件2017年、2018年引爆大缺貨、大漲價主因有：

（1）日本大廠村田、太陽誘電等大廠，因應車用、工業需求，逐步停產中低階PC應用的MLCC轉至車用等，PC用MLCC釋出訂單規模達20%。

（2）蘋果習慣預期市場可能會缺貨時就大舉掃貨囤積，掀起市場跟進搶單風。

（3）MLCC第二大的韓國三星電機因Note7手機電池爆炸事件，暫時停產。

（4）中國頒布禁污令，造成中國100多家廠商無法滿載生產，中低階被動元件市場變得相當吃緊，所短缺的10%訂單都轉移到台灣。

（5）台廠議價權提高：以國巨的MLCC為例，1994年到2006年間陸續購併或入主國內外企業多達11家，2019年併基美後市占率15%，雖次於龍頭村田31%，但已跟第二的三星電機18%接近，因此國巨在MLCC議價上取得制價權。

（6）國巨2013年啟動現金減資潮，5年來連續4次現金減資，幾乎年年現金減資，且有一年現金減資幅度高達7成，股本從221億元一路瘦身，到2017年股本減至35億元，瘦身幅度逾85%，每股盈餘（EPS）因而水漲船高，2012年獲利僅0.48元，2018年獲利拉高至80.3元，評價便迅速拉高，讓國巨股價從不到10元的雞蛋水餃股，搖身一變為衝上1,310元的高價股。

2018年時外資評價國巨目標價曾上看1,650元，是跟宏達電1,300元比價。國巨當時獲利80.3元，股本35億元，毛利率64%與宏達電2011年獲利73.38元，股本85億元，毛利率28.3%相較，無論股本、毛利率及獲利均有過之而無不及。當時外資樂觀估國巨2018年到2020年每股盈餘分別為99.65元、110.09元、113.28元，因此便有外資1,650元的目標價。

2018年當時外資樂觀估國巨，但為何很快一個月就跌43%，半年就跌達78%，產業變動之快速令人咋舌，主因：

（1）產能擴充很快：被動元件進入門檻本來就不高，過去每千顆售價大多只是1到2美元，幾乎是秤斤論兩的賣。在供給面，2017 年全球被動元件產能擴充約15%，2018年產能擴產約20%，2019年產能擴產幅度約15%至20%，其中陸廠就很快擴產50%，國巨與華新科在2018年時將產能擴增20%至25%，2019年還會再擴產一成，需求方面在2017至2018 年全球被動元件平均增加約17%，2019年則降至12%，導致產能利用率很快迅速下滑。

（2）中美貿易戰衝擊：雖然全球被動元件需求在2020年前因手機、車用、5G等新技術、新應用。網通需求會成長39%，汽車估成長31%，電力與工業控制用途估成長24%。但消費最大宗的消費性電子會減少6%，個人電腦（PC）只成長3%。因此整體全球被動元件產值2017年年成長約5%，2018 年年成長約16.5%。2019年因中美貿易戰導致需求驟降、客戶端庫存偏高、連帶使得價格下跌，2019年估產值約下滑5%。

（3）囤貨容易發生終端需求瞬間疲弱現象：因蘋果大量囤貨但當時手機銷售量不佳，為消化庫存忽然停止進貨，其他手機廠也陸續跟進，終端需求瞬間急凍，連帶地造成價格崩盤。

（4）價格競爭產生劇烈下跌壓力：價格下跌劇烈衝擊獲利。以國巨為例，毛利率2018年第三季營益率高達53.1%，2019年第四季就迅速降至15.5%。

（5）外資降評影響持股信心：外資報告常扮演漲時助漲、跌時助跌角色。外資看好時目標價不斷調高，看跌時一直打落水狗，當時估獲利由2019年

80.3元降至2020年僅剩17.19元時，市場持股信心崩潰殺盤就蜂湧而出。

金氧化場效電晶體（MOSFET）：台廠需技術升級 方能延續續航力

功率半導體金氧化場效電晶體（MOSFET）在2018年時市場出現大缺貨，交貨期一度傳需達30周以上，當時是典型漲價概念股。MOSFET廠商大中（6435）的股東權益報酬率（ROE）2018年時由23.64％上升至41.36％，股價難得出現久違的大漲成漲倍股。不過很快地大陸廠商如萬代半導體（AOS）以12吋晶圓廠大規模大量生產MOSFET，同時發動價格戰，最高曾降價二成，因此對台廠造成一定程度衝擊，台股MOSFET廠商很快曇花一現迅速回到起漲點。

金氧化場效電晶體（MOSFET）屬於功率半導體，是電源控制元件，主要在發揮低電阻、高電流、耐高壓等功能。

MOSFET算是較成熟型電子產品，產業特性獲利不易。因國內廠商多屬生產中低壓MOSFET，個人電腦（PC）佔中低壓MOSFET使用量約40％，客戶PC廠

圖3-2：MOSFET廠商大中2018年大漲 但漲價續航力才是考驗

資料來源：精誠資訊

商因獲利不易，已習慣性壓低中低壓MOSFET價格，上市較久MOSFET廠商如富鼎（8261）、尼克森（3317）等在2012至2017年期間普遍獲利欠佳。

2018年MOSFET出現大缺貨潮，使MOSFET廠商醜小鴨瞬間變天鵝：

（1）車用使用量大幅增加：在一般汽車平均每輛汽車使用半導體成本大約320美元，在混合油電車（HEV）每輛車的半導體成本大約690美元，在電動車（EV）中，半導體成本大約700美元，半導體在車用找到新藍海。智慧車輛的駕駛輔助安全系統的等級愈來愈高，將帶動車用半導體市場在2018年至2023年年複合成長率約10.5%。

（2）國際大廠退出中低壓市場：中低壓MOSFET市佔率高達40%的瑞薩（Renesas）因利潤不高計畫退出該市場，瑞薩產量約等台灣前三大MOSFET廠尼克森、大中、富鼎一年的總出貨量。MOSFET大廠英飛凌（Infineon Technologies）、安森（ON Semiconductor）、意法（STMicroelectronics）等半導體大廠，都往車用半導體方向發展，力積電計畫蓋12吋晶圓廠就是著眼車用半導體潛在需求。

（3）新應用新想像空間：科技新應用如無線充電、快速充電、伺服器、掃地機器人、指紋辨識、驅動IC、感測器電源管理IC、微處理器等使用顆數增加。

MOSFET想像的新應用這麼多，為何續航力快速退潮：

（1）MOSFET產值成長率其實不高：車用半導體2018～2023年年複合成長率是約10.5%，其中功率半導體約4.19%、車用類比IC約9.82%，車用邏輯IC（中央處理器等）約18%，所以功率半導體成長幅度較低。功率半導體電動車等新應用多往IGBT方向走。MOSFET車用比重需等2022年之後才會達22%，也就是MOSFET在車用應用比重仍低，MOSFET中低壓價格長期低迷，高壓則供給增加比需求快速，因此產值成長不高。台廠以中、低壓MOSFET為主，PC廠慣性年年摃壓價格，中、低壓

MOSFET生產門檻不高，一旦供給增加或殺價對台廠會造成一定程度衝擊。

（2）需產業升級搶新材料新應用商機：功率半導體IGBT、MOSFET所用材料以矽為主，但若改用大電流、寬隙的半導體第三代材料碳化矽為材料，可比原先材料矽可提升35%的行駛距離，因此車用半導體趨勢是改用碳化矽為材料的MOSFET，台廠因多為以矽為介質的MOSFET廠，要獲得新商機需產業儘快升級。

區塊鏈帶來更安全數位資產管理：虛擬貨幣比特幣

顯示卡產業自2012年PC走下坡後產業便一蹶不振，但至2017年虛擬貨幣如比特幣等掀起挖礦熱潮，比特幣從1,000美元起漲飆漲至2017年12月的高點19,891美元，開啟顯示卡股的飆漲榮景。因挖礦當時需一片主機板與8片顯示卡，顯示卡功能在輸出顯示圖形，顯示卡需求瞬間搶購，廠商如撼訊（6150）、麗台（2465）、映泰（2399）、承啟（2425）等股價大漲，其中撼訊因最早將工廠移到越南，因此避免當時在中國礦工太多缺電危機，且採用超微（AMD）的繪圖晶片，避免其他廠商過度集中輝達（nVidia），搶不到繪圖晶片壓力，超微又率先推7nm的繪圖晶片，由於製程、技術最先進，市場拚命搶貨，因此撼訊2017年獲利高達8.36元，股價由16.6元飆漲至420元最為強勁。（見圖3-3）

但比特幣因欠缺監督管理，網路犯罪事件層出不窮，各國政府開始監管，挖礦熱潮很快退潮，猶如1637年鬱金香泡沫陰影如影隨形，比特幣在2018年從19,891美元跌至3,184美元，撼訊股價又跌回到40.2元，比特幣挖礦熱潮續航力不足。

比特幣濫觴在2008年11月1日自稱為「中本聰」的個人發表的一篇論文名為比特幣-對等網路電子現金系統，該論文介紹發行電子貨幣的構想。比特幣概念是以分散式帳本及簽署智慧合約為核心，方法是不需經由銀行、信用卡公司經手，利

圖3-3：虛擬貨幣投機形象濃厚 撼訊2018年大漲大跌

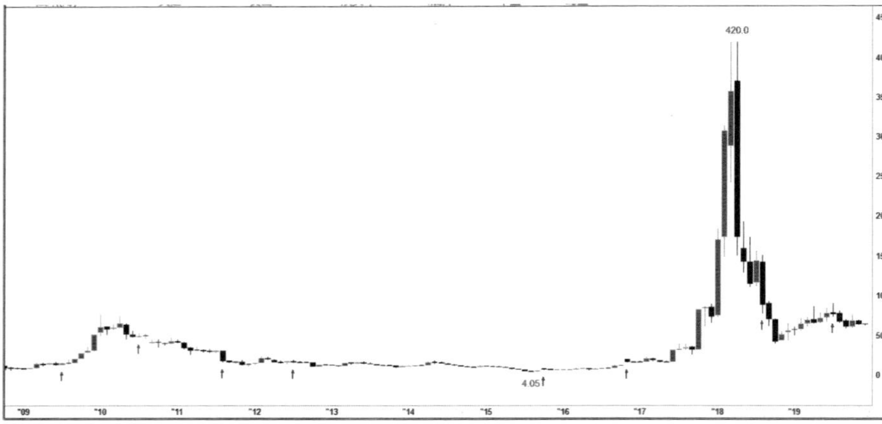

資料來源：精誠資訊

用雙方點對點（P2P）方式，對方要會解答雜湊函數（Hash Function），雜湊函數(Hash Function)是比特幣使用的加密技術，答對雜湊函數後雙方簽安全的數位簽章就完成交易。當A要傳送一筆訊息或交易給B時，需使用B的公開金鑰來將這份交易加密，而這個加密過的訊息或交易，只有使用B的私密金鑰才能解開安全的數位簽章。比特幣概念是無法竄改的全球資料庫，有效改善網際網路無法點對點傳遞有價資產及網際網路易被複製等缺點，比特幣自發表後只有在2010年8月出現唯一一次的重大安全漏洞。

所謂礦工挖礦其實是在搶答雜湊函數的正確答案，答對答案的獎勵是可得到比特幣。比特幣的總供應量約2,100萬個，礦工過去每塊礦區常常可獲得50個比特幣，但每開採21萬塊礦區獎勵就會減半，2012年將獎勵減少到25個比特幣，2016年降至12.5個比特幣，2020年將降至7.25個比特幣，估到2140年之後不會再有新的比特幣產生，由於供應量有限，隨著時間的推移將愈來愈稀少，比特幣將變得更有價值。

比特幣得以大漲受惠於中國市場的蓬勃發展，2016年人民幣交易佔全球比特幣交易量的98%，當時中國礦池掌握了全球比特幣74%的運算力。比特大陸、嘉楠耘智（CAN-US）、億邦國際這3家礦機生產商在2017年占全球礦機生產的90%。

比特幣在中國得以大行其道主因：

（1）當成玩遊戲：把比特幣當作一種賭博式的遊戲，大概有一半左右的「挖礦」行為發生在中國，中國的活躍「礦工」會出售比特幣，換取人民幣支付電費、購買電腦設備，某種程度上擴大了比特幣的支付規模。

（2）投資套利：判斷幣值升貶，操作比特幣買賣。

（3）用於支付：比如在淘寶上購買商品、在線支付酒店等旅遊費用，這種用戶很多是在中國生活的外國人，他們沒有開設中國銀行信用卡賬戶，一種是用於境外支付，及擔心人民幣貶值，所以投資並在境外使用比特幣。蘋果手錶新款APP用戶通過閃電網絡技術可接收比特幣，微軟、臉書等跨國大企業也支持比特幣付款，全世界的比特幣自動櫃員機的數量在持續增加中。

比特幣在2018年曾從19,891美元跌至3,184美元，加密貨幣總市值曾從8,310億美元下滑到約1,080億美元，下滑高達80%，主因有：

（1）中國當局開始對比特幣礦工施壓：2017年中國下令關閉加密貨幣交易所，韓國也對首次代幣發行施行禁令，許多礦工開始躲藏或逃往法律更友好或電力更充足的地方，如美國等。

（2）虛擬貨幣欠缺監管：成為了很多非法集團洗黑錢或者是騙徒欺騙大眾金錢的工具，僅在2018年上半年中加密貨幣犯罪就比2017年數量增長了3倍。各國於2018年都陸續加強對虛擬貨幣的監管，進而保障大眾的利益。

（3）挖礦機砍價：挖礦需使用高性能電腦即俗稱礦機，挖礦過去需一主機板與8片顯示卡。因挖礦所需電力消耗、設備折舊、以及人工維護等費用不斷攀升影響，當比特幣價格下跌時，礦工搶賣挖礦機，售價從4,500一下子殺到3,150元人民幣，加速比特幣跌幅。

比特幣區塊鏈帶來更安全數位資產管理概念仍有其價值：

（1）區塊鏈漏洞少安全度高：區塊鏈每批交易被打包成區塊（如比特幣10分鐘一個區塊），再按時間排序為鏈，等於每區塊就好像車廂用鐵鍊連接每節車廂，區塊鏈最多傷害只是局部的，只是區塊的（就僅那節車廂），區塊鏈智慧合約、數位簽章的方式較不會被複製。網際網路易被複製，網際網路遭駭事件無遠弗屆，如FB被駭一下子就達5,000萬戶。

（2）對區塊鏈未來的應用將大幅增加：區塊鏈概念若用鐵軌來比喻，鐵軌上的火車可駕駛如高鐵、輕軌、普悠瑪號等不同形式火車，也就區塊鏈可應用在金融創新（FinTech）、物聯網、醫療、旅遊、數位資產管理等，這些都可應用區塊鏈概念來設計。

如柯達業務攝影底片市場已日薄西山，但開發柯達One平台，在2018年發行柯達幣，利用區塊鏈技術保護攝影師的數位資產權，柯達將攝影師拍攝的照片和影片送上交易平台，有需求者可支付費用使用。等於有了這個系統，媒體機構可以付費獲得他們需求的鏡頭，可以捕捉到可能錯過的最戲劇性的畫面，攝影師則可以獲得報酬，柯達2016年股價也曾因柯達One平台成為漲倍股。

（3）保值工具：如有中國資產若怕人民幣貶值，先轉至比特幣避險也是一個管道。

（4）比特幣已逐漸被市場主流接受：比特幣雖然在2018年重挫，但比特幣的總交易量並沒減少，仍有2兆至2.2兆美元水準，是2017年成交量的4倍。最大關鍵就是未來區塊鏈應用已被廣大認同，區塊鏈全球資本支出估在2017至2022年複合成長率達73.2%，產值估在2018年約15億美元，2022年估可達117億美元。

廠商不斷地推比特幣區塊鏈產品，如宏達電（2498）也推區塊鏈手機，使用者持有這支手機就等於持有自己的密鑰，保障網際網路安全，把自己的數位資產、數位身分帶在身上，也是比特幣持續被看好理由。如FB發行虛擬貨幣Libra，就是著眼於虛擬貨幣潛力強。

就挖礦方式應會有所改變，過去礦工從用主機板、顯示卡挖礦方式，轉成專用積體電路（ASIC）方式，也就是挖礦由標準化轉至因客戶需求而特定量身設計方式。這代表過去挖礦用顯示卡好像西方人用肌肉、用蠻力，但現在因礦源減少要學葉問用智慧、陰柔而非西方大力士陽剛打法，多些軟體程式因地因時來設計挖礦效率將更高，因此區塊鏈概念股將以聯發科（2454）、世芯-KY（3661）、創意（3443）、M31（6643）等ASIC設計廠商為主軸。

先進駕駛輔助系統（ADAS）：前景佳但技術要跟得上

先進駕駛輔助系統（ADAS）2020至2024年複合成長率約21%，其中3D光達（雷射雷達利用光來量測目標物的距離）估2016至2024年複合成長率132%、車對車V2X傳輸資料技術74%、環景影像系統21%、中短距離雷達24%，車用感測器（CMOS）21%。2015年全球掀起汽車電子化、ADAS風潮，美車用電子股如Autoliv（ALV-US）、Valeo（VLEEY-US）、Delphi（DLPH-US）等股價不斷創歷史新高。

同致（3552）生產倒車雷達是國內ADAS概念股之一，2016年同致獲利達14.22元，2015年、2016年股價大漲5倍之高。但同致2018年較先進的微波雷達量產不順、舊產品超聲波雷達提列存貨跌價損失，竟虧損3.05元，股價不僅跌回原點還更低，這代表ADAS前景佳但廠商技術需跟得上方能搶得商機。（見圖3-4）

所謂的先進駕駛輔助系統（ADAS）由多種安全系統組成，包括盲點偵測系統、停車輔助系統、後方碰撞警示系統、偏離車道警示系統、緩解撞擊煞車系統、適路性車燈系統、夜視系統、主動車距控制系統、碰撞預防系統等。要完成這些系統就衍生出如倒車顯影、頭燈自動啟用、胎壓偵測系統（TPMS）、安全氣囊、汽

圖3-4：ADAS前景佳但技術要跟得上 同致股價大漲大跌

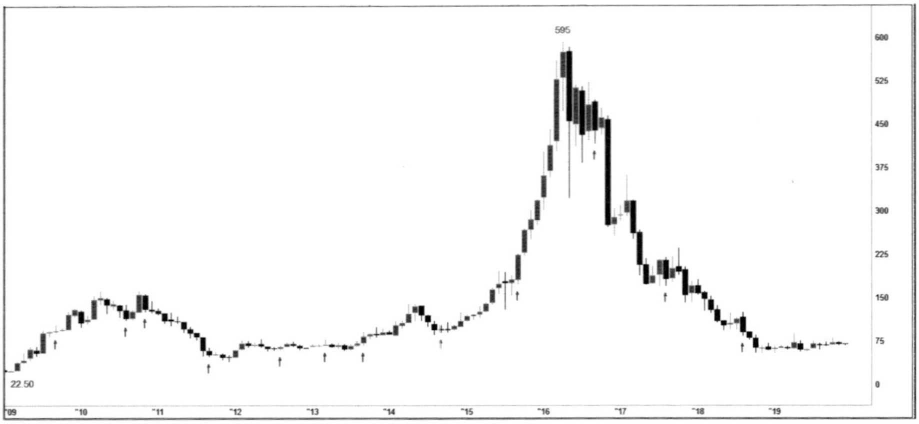

資料來源：精誠資訊

車間彼此感應降低防撞（V2V）、車身動態穩定器（ESC）、車用影像感測器（CIS）、汽車意外煞車系統（AEB）、環車影像系統掃除視野盲點（AVM）等，方能組成完整的ADAS系統。V2X（Vehicle-to-Everything）就是車對車（V2V）、車對人（V2P）、車對摩托車（V2M）等，道路安全首要建立車與車之間的通訊，因此需發展專用短程通訊的V2X技術。

同致產品有倒車雷達、倒車影像、全車環景影像、盲區偵測、胎壓偵測系統（TPMS）等汽車電子產品，其中倒車雷達在2015年時是全球第三大廠、亞洲第一大廠。2015年每股獲利9.39元、2016年大賺14.22元，主因是美國鑑於車輛後方視野不良而造成每年210人死亡，並且造成多達1.5萬人受傷的悲劇，規定2018年5月以後生產、重量在4.5公噸以下的車種，將100%強制安裝倒車影像系統，此一政策從2016年5月起逐步推動，2019年全面列為標準配備，因此2016年是裝配倒車影像系統最高峰。另外一商機是胎壓偵測系統（TPMS），TPMS強制被列為標準配備的實施時間分別為美國2007年、韓國2013年、歐洲2014年、日本2017年、中國2018年，TPMS商機帶給同致豐沃業績。

同致在2016年大賺，但兩年後竟虧3.05元，ADAS前景佳為何概念股業績會有天壤之別呢？主因：

（1）中國車市受貿易戰衝擊：2018年中國汽車銷售開始衰退，2018年衰退約5.8％、2019年衰退約9％，車商下單趨於保守，汽車零件股如同致（3552）、胡連（6279）等接單受到衝擊。

（2）中國倒車雷達系統供應商增加：供給增加造成產品售價的下滑，即使如新產品環車影像系統（AVM）雖屬中高階車種選配，單價高，也因搶單砍價兇，同致毛利率由2016年的30.62％降至2019年的13％，幾乎砍半。

（3）競爭力下降、存貨損失多：2018年較先進的微波雷達量產不順，舊產品超聲波雷達、影像產品大幅提列存貨跌價損失，造成2018年3Q虧2.51元、2019年3Q虧1.97元。

先進駕駛輔助系統（ADAS）商機估計是一波接著一波。環景影像系統、車用感測器、3D光達、車對車V2X模組、毫米波雷達等未來商機還是備受市場期待，台廠若要獲得商機需技術要跟得上。

光纖產業：世代交替商機大

光纖的產業動能多來自政府的獎勵政策及建置計畫。中國工信部2015年提出寬頻中國政策，規畫各地積極鋪建寬頻網路，新增光纖到戶覆蓋家庭目標8,000萬戶。台股華星光（4979）、光環（3234）、聯均（3450）、聯亞（3081）等光纖網通廠商都是寬頻中國政策下的受惠者，光環2015年獲利由2.93元增至8.04元，華星光獲利也由3.26元增至7.36元，聯鈞獲利也由9.77元增至12.46元，光纖股股價均大漲。

早期寬頻網路是以纜線數據機（Cable Modem）及非對稱式數位用戶迴路（ADSL）銅線傳輸為主的時代。Cable Modem用在第四台網路只要一條線，到家裡用數據機分流即可，Cable上網需要和其他用戶共享頻寬，頻寬起伏程度會較大，晚上用戶用量就明顯降速。ADSL速率約在2至8 Mbps，12Mbps已是極限，當3.5G時速率約14.4Mbps時ADSL尚能生存，但發展4G其速率可達30至40Mbps，用戶就可用手機的4G門號藉由內建熱點分享功能，把4G的訊號轉為Wi-Fi熱點，讓家人一起上網，家中ADSL銅線寬頻網路勢必被淘汰，因此速率較快的光纖網路於焉興起。

光纖細如毛髮、傳輸速度快，具低損失、寬頻、尺寸小、彎曲半徑小、不導電、不輻射、重量輕等優點。日本是全球最早投入光纖寬頻網路布建的區域市場，2008年FTTH用戶數就已超越ADSL用戶數的狀況。新興國家多由2G直接跳升4G，如印度就是由基地台至電信局端改置光纖網路。早期光纖網路布建是乙太被動光纖網路（EPON），之後提升至技術門檻較高的超高速被動光纖網路（GPON）。超高速被動光纖網路具有較高傳輸速率、超高速被動光纖網路下行速率高達2.5Gbps遠高於被動光纖網路速率1Gbps，市場對超高速被動光纖網路需求大增。

2015年中國寬頻新建的4G基地台超過60萬台，新增4G用戶超過2億戶。光

圖3-5：光纖商機來得快去也快 光環股價曾大漲大跌

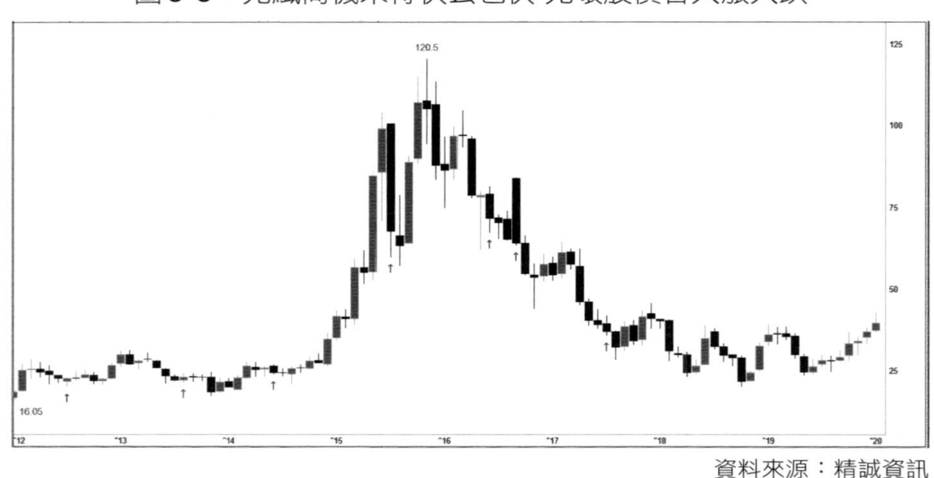

資料來源：精誠資訊

纖佈建由傳統EPON改先進GPON，EPON是單點發射可達32個用戶，GPON是倍增可達64戶，這使得當時GPON月需求由350萬對增至500萬至600萬對，GPON數量在2015年成長90%，2016年成長20%。全球GPON主要供應大廠有日本三菱電機、美國Avago（AVGO-US）等廠，不過這兩家公司的產能根本不足以應付中國訂單需求，於是寬頻中國光纖商機都轉向具備生產GPON技術的台廠。

但光纖股以光環為例，2015年獲利高達8.04元，2017年竟大虧8.98元，主因有：

（1）中國過去累積的光纖到府（FTTH）用戶至2014年已有6,832萬戶，因此2年後8,000萬戶的寬頻中國政策目標很快達成，之後中國不再有大規模推動FTTH建置的新政策，因此需求很快陷入停滯。

（2）中國積極扶植自家廠商，在大量補助下紅色供應鏈大舉增加產能，2015年的電信普遍服務試點聚焦在農村及偏遠地區的寬頻建設，預計中央財政補助資金超過200億元人民幣，導致產業出現供過於求的問題，光纖價格出現殺價。

（3）大陸廠商獲補助競爭力增強：以亨通光電（600487）為例，2015年利潤年成長77.8%、2016年年成長119%、2017年年成長43%、2018年年成長45%，台廠2016年後獲利便一蹶不振與中國廠商崛起有關。

5G基地台是光纖另一波商機，5G基地台數量會是4G基地台的16倍，5G整體網路需使用更高速約25G 以上，5G網路帶動數據傳輸量和頻寬需求增加，較4G需求更多的光收發模組，光收發模組產值2019年約62億美元、估至2023年約120億美元，潛力強。

光纖股持續性新產品世代交替商機是存在的，如GPON會進階到10G PON（寬頻能力是GPON的4倍和EPON的10倍），100G光收發器會進階到400G光收發器、矽光計畫技術、光通訊、5G相關的應用等，台廠需往高附加產品及新應用創新突破才有機會，光纖股世代交替商機大。

第四章
主力客戶穩固嗎？

一家公司快速成長的原因，有時是因為它背後有一個快速成長或是大的驚人的主力客戶。因此，如果主力客戶商品設計改變而應變不及或不符合客戶要求遭退單，公司營運就會遭到重大衝擊。

企業要接到國際大廠訂單真的很不容易，但最怕是接到訂單後因主力客戶的策略改變導致前功盡棄，不僅之前努力盡付流水，股價更遭受極大傷害。

以聯發科（2454）為例，聯發科原本在2014年時囊括中國OPPO六、七成的手機晶片訂單，當時OPPO正處高成長期，對聯發科業績成長非常重要，聯發科在2014年獲利曾高達30元。但中國最大電信商中國移動（0941-HK）在2015年底突然要求手機晶片需支持LTE（Long Term Evolution）Cat7以上技術。所謂Cat（Category）是高速網路傳輸線，Cat7頻寬600MHz較前一代Cat6的250MHz高兩倍，2015年時聯發科最新的晶片，只支援到CAT6，因此在2016年時大部份訂單被高通（QCOM-US）搶走，聯發科在2015、2016年時獲利僅剩16元，股價因而跌掉40%，市值蒸發2,720億元。

以台光電（2383）為例，台光電銅箔基板2017年本全吃全球高階手機市場，但2018年時蘋果（AAPL-US）取消台光電訂單，轉至日廠松下（Panasonic）、日立（HITACHI）等廠商，台光電2018年因流失蘋果大訂單，獲利由8.74元降至5.48元，受此衝擊股價大跌67%。

押錯邊導致損失蘋果訂單衝擊——觸控面板廠商勝華

勝華（2384；已下市）在2000年時股價曾高達233元，在2004年、2005年時是獲利達6元的高獲利公司，在2008年拿到蘋果手機訂單，勝華當時是大盤最熱門的蘋概股。但2012年蘋果手機觸控貼合技術由原先玻璃貼合改為內嵌式（in-cell），勝華當時押錯邊全力發展OGS（One Glass Solution）觸控技術，蘋果將訂單轉至日、韓廠商，勝華失去蘋果大訂單後，虧損狀況無法改善，股價也一落千丈，遂於2015年7月7日下市。

圖4-1：勝華因押錯邊痛失蘋果訂單2015年下市

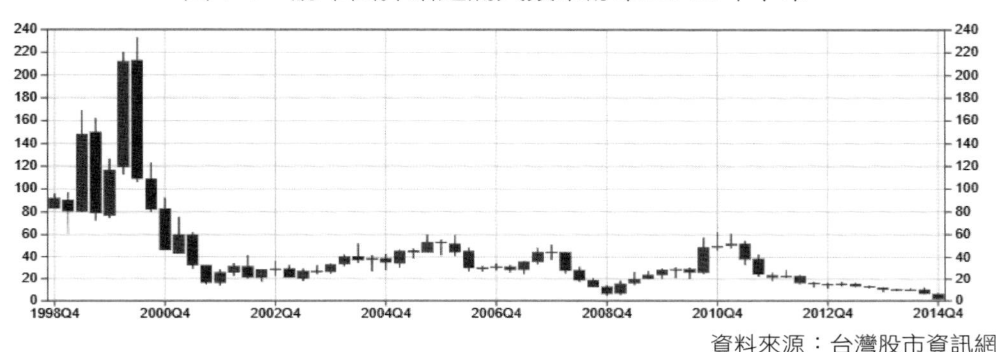

資料來源：台灣股市資訊網

勝華2008年開始打進蘋果iPod（<u>數位多媒體播放器</u>）的觸控面板供應鏈、手機及平板電腦訂單。但接到蘋果訂單後勝華獲利卻由正轉負，2008年虧2.1元、2009年虧2.32元，迥異於2005年賺6元榮景，顯然勝華不是吃到甜蘋果是吃到苦澀蘋果，主因是蘋果手機貼合技術學習曲線太困難。

蘋果手機在2008年採玻璃、LCD面板（G／G）貼合技術（見圖4-2左邊），在保護玻璃和LCD液晶面板中間放銦錫氧化物（ITO）感測器（觸控層）然後做貼合。蘋果手機每年採用的觸控技術都是當年最先進的技術，因沒有前例可循，常需瞎子摸象。因保護玻璃與LCD玻璃做貼合時，若有空氣氣泡就算失敗，因此生產的前3個月良率常僅3成，往往需半年後良率才達9成，實際上多是虧錢接單。勝華接蘋果訂單，是賺了表面輸了裡子，2009年時營收約276億元至2012年達1,029億元，勝華雖然營收爆增，但獲利在2011年時虧損1.16元、2012年時虧損1.64元，獲利狀況卻反而愈來愈糟糕，顯然是長期良率不高造成虧損。

蘋果手機在2012年觸控技術作出重大改變，改用內嵌式（in-cell）觸控面板，所謂內嵌式是將感測器內嵌入LCD面板裡面，等於少一層膠合，以往要兩次（保

圖4-2：蘋果手機2012年改內嵌式觸控 勝華因而失去蘋果大單

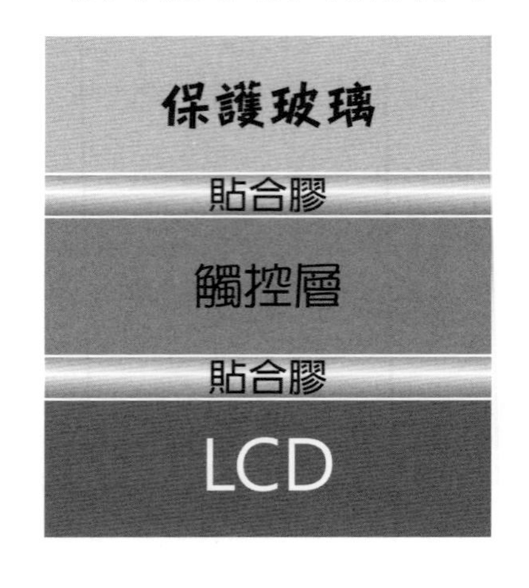

資料來源：作者提供

護玻璃＋感測器+LCD面板），現在只要保護玻璃+LCD面板（含感測器），因內嵌式新技術可使手機的厚度減少15%，勝華因沒有此技術而被排除在蘋果供應鏈外。（見圖4-2右邊）

勝華緊接著再遭衝擊是蘋果在2013年的平板電腦的觸控面板，從原本的玻璃觸控改成薄膜觸控（G／F2），原先觸控層的ITO玻璃改用ITO膠膜，這樣可比原先更具透光度及導電力，勝華又因蘋果商品設計改變失去原本手機訂單，這次再失掉平板電腦大訂單。

勝華當時應對策略是發展OGS（One Glass Solution）觸控技術，OGS是指將感測器往上直接鍍在上方的保護玻璃，可省掉一片ITO玻璃成本，製程上亦可節省一道貼合程序，可較原先G／G便宜約5成，較G／F2便宜約15%。蘋果採用的是內嵌式是將感測器往下內嵌入LCD面板裡面，OGS是往上將觸控層鍍在上方的保護玻璃，兩者比較是OGS缺點是強度不足。因OGS將觸控層鍍到保護玻璃內，雖可省掉一片玻璃，但保護玻璃強度變低，保護玻璃因用手不斷在觸控使用，因此磨損大及最上層的保護玻璃萬一摔到地面容易觸地損壞。

當時OGS佔勝華營收7成以上，勝華看好OGS在觸控筆記型電腦（NB）的普及潛力及中國手機廠訂單潛力，但事與願違。手機方面內嵌式觸控由2011年至2016年市佔率擴增至50%，2018年已超過60%；OGS發展至2016年時市占僅4.6%，G／G則從2011年的64%驟降至2013年12%。NB方面觸控還是以內嵌式技術為主，觸控NB的滲透率發展很慢，至2018年約才10%至15%。顯然勝華押錯寶，OGS技術在中國發展不順，除大陸觸控面板廠殺價搶單外，也不斷地面臨訴訟官司。勝華下市前擁有月產能近1,000萬片的觸控面板生產線，大部分卻閒置著，頓時成為無用資產，勝華於2014年宣布重整，2015年以每股稅後虧損57.86元創下台股虧損紀錄，在2015年7月7日下市。

遭蘋果不給認證衝擊——天線軟板廠商嘉聯益（6153）

蘋果看好液晶高分子樹脂（LCP）材料天線前景，LCP最能迎合5G通訊高頻、高速的需求。嘉聯益2018年緊急投入高達200億元投資LCP生產線，受此激勵嘉聯益2018年股價曾大漲至76.3元創新高。但因當時嘉聯益LCP良率不高未獲得蘋果認證，加上價格偏貴未能打開市場，嘉聯益因而失去蘋果大訂單，股價又迅速回檔至起漲點，甚至裁員達66%。（見圖4-3）

軟板（FPC）具有良好的可撓性、散熱性、可焊性、易於連結、配線密度高、成本較低等優點，符合電子產品輕薄短小且功能多元的需求，軟板的應用與日俱增。2020年一台高階智慧型手機使用軟板片數已逾20片，一台平板電腦則超過15片。

隨著行動裝置的通訊傳輸頻率由早期的數百MHz提高到2GHz以上的需求，過去普遍採用的陶瓷天線，因在手機設計造型限制及無法滿足高頻率等因素，多逐漸改採軟板天線。軟板天線的材料2020年時價格採用銅線的天線價格約0.05美

圖4-3：嘉聯益因LCP無法獲得蘋果認證 2018年股價大漲大跌

資料來源：精誠資訊

元、聚亞醯胺（PI）材質約0.2美元、異質聚亞醯胺（MPI）材質約1.2美元、液晶高分子材質（LCP）3美元、用AiP（Antennas in package）封裝的天線約8美元。

5G的頻寬在2.6-100GHz間與4G的2.6GHz以下，最高傳輸速度可提升達38倍，在高速傳輸要求下，對於高頻、高速天線模組的要求標準加高，新的高頻天線軟板成為技術開發重點。蘋果手機2019年計畫導入LCP材料的天線軟板取代之前的PI、銅線、陶瓷等材質天線。

為接蘋果LCP大訂單，嘉聯益在2018年投入200億元投資，但最後蘋果並未採用嘉聯益產品，導致嘉聯益損失慘重。主因有：

（1）LCP天線的收縮率太高，當時技術未突破導致量產難度高：日商技術較佳有能力量產。

（2）LCP成本高：當時LCP 3美元遠高於MPI的1.2美元，蘋果決定採LCP及MPI混合天線成本較划算。

（3）MPI天線當時效能可符合需求：2019年時還是4G，頻寬不高，MPI效能可應用裕如。

（4）蘋果派日本籍H先生來複檢數次都不給過關：蘋果因此決定LCD訂單全轉移至村田（Murata）。

進入5G時代電子產品更是要求高頻高速訊號傳輸，由於 LCP 材料性能具備良好的低耗損性，符合高頻、高速天線模組的要求標準。MPI畢竟只是過渡產品，LCP產值2019年約23億美元，估至2021年可增至42億美元，LCP也可望擴大在汽車領域應用，如ADAS、毫米波雷達、車載高速通訊等，估LCP需求還是有世代交替潛力。

遭蘋果無線充電訂單琵琶別抱衝擊——射頻軟板廠商台郡（6269）

無線充電方便多多，在充電時用戶只需把它們放到充電板上即可，不需再找電子產品的接頭，用戶可把充電板放在床頭、桌子等任何位置即可充電。2017年時無線充電市場曾被樂觀預估，中國無線充電模組在2017年產值約為40億美元，估2022年可達140億美元。蘋果手機2017年開始配備無線充電模組，台郡大啖蘋果無線充電模組商機，2017年獲利由8.4元增至10.07元，股價大漲77％。但在2018年時因蘋果更改無線充電的設計，台郡失去大訂單股價一度下挫，不過台郡將經營方向轉移至射頻模組軟板，營益率由2.73％上升至17.92％反而明顯回升，股價也及時回溫。（見圖4-4）

過去辦公桌總是纏繞一堆充電線，到處找插座或充電線，有時充電線斷了或不見了，就要另外再購買，家中一大堆線。若有無線充電板，就沒有電線纏繞、收納的問題，當所有電子產品都支持無線充電功能時，將給用戶帶來極大的方便。

無線充電本有三大陣營，電力事業聯盟（PMA）和無線電力聯盟（A4WP）兩大陣營已合併，蘋果則是採用另一陣營無線充電聯盟（WPC）的Qi（Wireless Power Consortium）規格。

無線充電因轉換率差及電磁波問題，充電板充電效率差，跟有線閃充相較，無

圖4-4：台郡失去蘋果大單2018年股價大跌 但轉型成功後股價回溫

資料來源：精誠資訊

線充電充電時間長及成本高，所以遲遲未能真正打入消費者市場。蘋果手機在無線充電板上會不斷維持著充電狀態，這樣會令電池加重負荷，估有20%的電能被浪費掉，對於手機的使用壽命也會有影響，無線充電必須克服這些課題。由於無線傳輸的距離越遠，大功率的電磁轉換對設備的耗能較高，若無線充電的充電效率還是持續不高的話，無線充電滲透率就無法提高。

台郡雖接蘋果無線充電大單但營益率是下降，2017年3Q營益率16.74%，2018年2Q跌至2.73%，也就是無線充電大單其實效益不高。台郡研發射頻（RF）模組用軟板用在5G高頻天線，一支手機射頻模組可達2到4個，對營益率回升大有幫助，2018年4Q營益率由2019年4Q的2.73%回升至24.7%，也就是要轉型到高毛利產品。台郡也研發出LCP（液晶高分子樹脂）、Mini LED（次毫米發光二極體）高毛利產品，算是研發能力強之公司。

遭蘋果棄用立體觸控技術衝擊——觸控面板廠商GIS-KY（6456）

蘋果手機在2015年推立體觸控技術（3D Touch）時，當時蘋果資深副總裁宣稱這是一項足以顛覆手機操作的劃世代功能。GIS-KY因受惠3D Touch訂單獲利提升，在2016年時股價曾大漲4倍。但因蘋果想要發展屏下指紋辨識，這與3D Touch設計上有衝突，因此不到3年時間在2018年7月蘋果決定不再用3D Touch，當時市場估對GIS-KY會減少143億元營收，受此衝擊GIS-KY股價大跌。

3D Touch是透過3D壓力感測器，讓觸控面板上同一個觸控點，分輕觸或中度壓或重壓等不同的觸控力道，產生不同的功能或反應。如在桌面上的圖標（icon）長按不放，就可以讓App抖起來，這時就可以移動位置或做刪除。3D Touch功能是非常廣泛、多樣化的，有3D Touch功能你可按壓相機力道大小來選擇自拍、錄影、錄製慢動作、或是拍照等動作。也可使地圖縮放定錨、繪圖、影片快轉、點日期迅速定行程、英文字看不懂壓下去會解說等功能，3D Touch培養出眾多粉絲。

圖4-5：GIS失去蘋果大單導致獲利大降 2018年股價大跌

資料來源：精誠資訊

即使3D Touch號稱是蘋果的創舉之作，那為什麼要取消呢？主因：

（1）使用上產生混淆：眾多用戶無法分辨按下與按住的不同，觸發3D Touch卻不知道該如何輕重壓，普遍反映實用性不強。

（2）需求似乎不是那麼迫切：會用的很會用，不會用的用戶還是不會用，3D Touch似乎不是那麼有迫切需求的功能。

（3）蘋果要節約成本：2018年時手機記憶體成本由45.35增至64.5美元，電池成本由6.46增至9美元，晶片成本由27.5增至達30美元。所以捨棄約10美元的3D Touch可節約成本。

（4）蘋果要研發螢幕下指紋辨識技術：因為3D Touch要跟屏下指紋辨識要同時順暢使用，在技術上難以達成。

遭蘋果改採AMOLED面板衝擊——LCD面板背光模組廠商瑞儀（6176）

蘋果在2017年時推AMOLED（主動有機發光二極體）面板手機，由於AMOLED面板是自發光源不需使用到背光模組，瑞儀是背光模組廠商，因而失去蘋果手機大訂單。但瑞儀股價在2017年漲25.8%，2018年再漲19.5%，瑞儀顯然在主力客戶蘋果策略改變衝擊下，毅然挺過難關。（見圖4-6）

蘋果手機在2017年開始推AMOLED面板機款，AMOLED面板具高對比、更省電、材料結構更薄化等特點，AMOLED技術適合發展軟性可撓式手機及3D曲面造型手機。LCD面板比較無法達到軟式可撓性的要求，因為LCD螢幕是用玻璃基板，製作時液晶層須預留間隙（Cell Gap），LCD面板若要做軟性設計，在撓曲時會因間隙產生不均勻，導致畫面顯示出問題。

瑞儀雖遭蘋果改採AMOLED面板衝擊，但瑞儀2017年～2019年仍拿出亮麗的業績表現，主因：

圖4-6：瑞儀雖遭受失去蘋果大單衝擊，但2018年股價逆勢大漲

資料來源：精誠資訊

（1）2018年時AMOLED成本約77.27美元，遠高於LCD成本約52.5美元，所以AMOLED機款手機約只佔總銷量1／3，仍有2／3是LCD手機，因此對瑞儀的殺傷力非想像的大。

（2）瑞儀2018年時仍是蘋果平板電腦及NB的背光模組獨家供應商，毛利遠高於手機背光模組，雖失去訂單但反而拉高營益率，2016年營益率6.68％，2019年營益率增至13.3％。

（3）瑞儀經營績效佳：股東權益報酬率在2016年為13.4％、2019年大增至25.13％。

（4）其他產品如電視背光模組成長高、如智慧音箱及車載產品提高瑞儀的附加價值，尤其車載產品的背光模組成長快速。

（5）但就長期趨勢來看，軟性AMOLED面板滲透率逐年拉高是趨勢，瑞儀仍需積極佈局下一個世代交替商機如Mini LED、Micro LED等，否則背光模組經營壓力仍大。

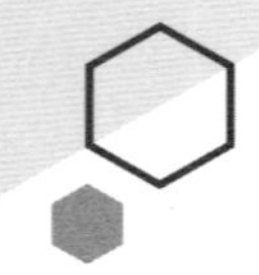

第五章
產品是否為市場接受？

有些公司被預期將會大幅成長，是因為產品的「未來」性被看好。但若後續產品實用性不足、當時環境尚不成熟，以致未被市場主流接受，原本預期是明日之星，但很快地邊緣化而石沉大海。

資訊科技的狂潮引爆新世代的高科技產品，創造出龐大的商機。蘋果（AAPL-US）、微軟（MSFT-US）、谷歌（GOOG-US）、臉書（FB-US）、阿里巴巴（BABA-US）、特斯拉（TSLA-US）、耐吉（NKE-US）、華為、台積電（2330）、三星（005930-KRT）等都是成功典範。

但很多高科技產品，原本預估是未來之星的新材料，劃時代的高科技產品，因實用性不足或當時環境不成熟。未被市場主流接受，成為燒錢的紅海，很快地邊緣化而石沉大海。

如谷歌眼鏡，受制安全、對健康有疑慮及售價昂貴（約1,500美元）等問題而停產，谷歌眼鏡在右眼的位置加入螢幕，右眼除了要看景物的同時也要看螢幕，右眼需要用力之下可能造成左右眼視力不均的問題。而使用者也容易因為關注螢幕提供之資訊，忽略行路安全而發生危險。

如AIO（All-in-One）電腦，為節省桌上型電腦主機空間，將主機與螢幕結合為一體的AIO電腦，因為一體成型設計可以減少許多電源線與傳輸線，讓桌面以下的環境不再雜亂之外，也可讓桌面上顯得更加清爽，但AIO電腦銷售量尚未起色。

其他如三星手機曾推懸浮觸控（Floating Touch）、動眼翻頁等新創新技術及微投影手機、液態金屬機殼、3D電影等劃時代創新功能產品，之後都因市場未起色而無疾而終。

手機螢幕藍寶石材質欲取代保護玻璃失敗

藍寶石晶棒（Sapphire藍寶石）是一種氧化鋁的單晶，又稱為剛玉，在莫氏硬度標準可達九，是世界上硬度僅次於金剛石的堅硬材料。莫氏是德國礦物家，將礦物硬度分十級，金剛石達十最硬。藍寶石晶棒具備高聲速、耐高溫、抗腐蝕、熔點高、抗輻射、透光性佳等特點，藍寶石晶圓是將氧化鋁的單晶拉晶法培育生長，屬工業用，至於價值不斐的藍寶石鑽戒則需講究色澤、純度、手工切割等工藝。全球藍寶石大廠也主要集中在俄羅斯、美國等地，藍寶石晶圓早期主要以航太工業應用為主，之後常做為光電元件材料。

蘋果2014年有意用藍寶石晶棒來研磨製作手機螢幕，取代原先的康寧的保護玻璃，計畫包下美廠GTAT（極特先進科技）的藍寶石真空設備產能。台股藍寶石晶棒概念股兆遠（4944）、越峰（8121）等受此激勵在2014年時成漲倍股。

藍寶石晶棒做成藍寶石基板早期應用LED上，LED品質取決於氮化鎵（GaN）的材料品質，藍寶石基板晶格常數失配率小，又符合氮化鎵製程耐高溫的要求，因此藍寶石基板成為製作LED的關鍵材料。

2009年中國為了推動環保節能政策，大力推動符合環保的LED產業，全面補貼LED廠商建置有機金屬化學氣相沉積機台（MOCVD），MOCVD是製造LED磊晶最常用的機台。2010年MOCVD掀起的一波建置狂潮，造成藍寶石晶棒缺貨，藍寶石晶棒及基板價格狂飆，2吋藍寶石基板價格從當（2010）年初的10美元狂漲至30美元，晶棒則從不到10美元大漲至24美元，2010年時越峰股價飆漲6.7倍。

但就是因為太好賺，全球藍寶石廠商如雨後春筍般冒出來，大陸藍寶石廠在短短二年擴充了近60家，台灣也有逾十家廠商加入，2008年全球藍寶石基板月產量17萬片，至2009年10月單月產量就達150萬片，很快地造成產能過剩，2011年藍寶石價格旋即崩跌，越峰2011年股價很快被打回原形。

藍寶石晶棒在手機的應用始於蘋果手機在2012年應用在光學鏡頭上，因鏡片最脆弱很容易龜裂。

蘋果在2013年在Home鍵上也採用藍寶石保護蓋保護，因Home鍵頻繁使用，損壞率最高，用藍寶石保護蓋可有效延長Home鍵使用壽命。

蘋果手機2014年據傳將採用藍寶石作為螢幕材質，當時藍寶石材質有78%應用在LED，10%應用在飛機窗口片，其他10%應用在智慧型手機的Home鍵及光學鏡頭的保護片等應用。LED因晶粒廠產能擴增過速，晶粒仍在消化既有的過剩產能，導致藍寶石處於供過於求的窘境，手機應用成為藍寶石業者最大的寄望所託。

蘋果手機可能採用藍寶石作為螢幕材質，主因是當時傳GTAT（極特先進科技）已可將藍寶石材質螢幕的成本從每片13至18 美元的高價壓低到3至5美元，與康寧保護玻璃的每片3美元相去不遠。

蘋果手機的後鏡頭使用藍寶石基板一個月用掉約當2吋150萬片產能，在Home鍵使用的數量更是後鏡頭的4倍，當時蘋果手機更計畫要新增指紋辨識的功能，螢幕更需藍寶石的耐磨防蝕特性來保護，因此蘋果估計智慧型手機的使用量很大，因此有包廠GTAT想法。

之後蘋果真的包下GTAT所有的產能，GTAT大舉裝機近2,000台，蘋果也支付5.78億美元給GTAT，但事實發展與原先預估大相逕庭。GTAT產出良率不如預期，藍寶石螢幕比康寧保護玻璃重、透明度也比較差。GTAT加上一層特殊塗料來提高透明度，但還是遜於玻璃，其價格是玻璃材質的2.6倍，若換到大型手機螢幕上，成本差距更大。一片康寧玻璃成本若是3美元，藍寶石成本便高達20美元左右，非原先預期可壓低到3至5美元。

當時蘋果新推的平板電腦的抗反射螢幕效果超優，螢幕反光度僅 2.5%，是測過的所有平板電腦與智慧型手機當中，反光度最低的裝置，比之前的紀錄保持者反光度仍有4.5%低非常多，但藍寶石反光度仍高達8%，相形之下藍寶石無法展現其優勢。

在良率不高及成本無法壓低下，GTAT無法履行蘋果的供貨合約，加上先前有賠償糾紛，致使蘋果沒有支付最後一期的費用，造成營運資金周轉不靈，最後蘋果就沒使用藍寶石當螢幕材質，GTAT便在2014年10月6日宣布倒閉，次日股價重跌92%。

微投影手機因耗電、成本高無法成手機標配

微投影機廠商揚明光（3504）在2009年8月舉辦法說會，會場參與人數爆滿，揚明光展示第二代微型投影機（PICO）可以投出70到80吋的畫面對準大布幕，小小微投影機有清晰的影像與飽和的色彩，媲美小家庭劇院的效果，揚明光2009年股價大漲6倍。

投影機產業在2004至2008年產值複合成長率約28.5%，當時個人或企業在進行簡報時都是做投影片，在投影機上播放，來進行會議流程。當時投影機市況佳，投影機廠商中光電（5371）、揚明光（3504）獲利約都在5元左右，獲利穩定。

揚明光2009年展示第二代微型投影機時，小小微投影機竟有家庭劇院的效果時，會場氣氛為之瘋狂，那時法人樂觀預估微型投影機出貨量在2009年約47.5萬台，2013年將達1,075萬台。手機內建微型投影機當時樂觀估2009年約19.2萬支，2013年約77萬支，因微型投影機具高成長題材，揚明光股價在2009年時飆漲。

三星在2012年率先發表微型投影手機，在手機機身頂部內建了微型投影機。在2公尺距離下提供50吋的投影功能，可用微型投影手機在房間裡投射到牆壁或天花板，可投射出滿天星空，享受跟情人一起躺著數星星的浪漫情調。可投射所拍攝各類照片浪漫地談天說地等。

但投影機與手機一體存在有技術難以突破盲點，如體積不能做的超薄、電池有限、耗電大、溫度高很難處理散熱、訂價高等，時常導致手機當機。第一代手機內

建投影模組成本仍達100美元以上，第二代雖降至約80美元價格，但要普及估計需每套降至30美元以下市場才會擴大。三星投影手機的挫敗、蘋果投影手機的擱置，讓微型投影手機逐漸式微，無法打入手機的主流配備。

2009年時微型投影機規格分兩大系統，一是3M的LCOS（Liquid Crystal on Silicon矽液晶）技術，是直接驅動圖像光源放大器的技術，簡單、可靠、成本較低，日廠多支持此系統。另一系統是德儀主導的DLP（Digital Light Processing數位訊號處理器）系統，DLP通過電極控制每片鏡子的傾斜角度，以切換光的反射方向，亮度高，色彩好但成本較高。當時揚明光的光機引擎在LCOS陣營市占率90%，在DLP陣營市佔率50%，估計無論最後哪個陣營勝出，揚明光都將是最大贏家，因此股價大漲。

但天算不如人算，DLP投影技術龍頭德儀（TXN-US）的行銷策略是只提供核心晶片，不做自己品牌的投影機，因此德儀更樂於支持更多品牌的加入，這樣他的晶片可賣更多廠商，德儀這一策略投影機品牌廠商大增，加速價格的惡性競爭，價格越砍越兇，形成紅海市場。2017年揚明光營益率為負3%，佳世達（2352）也僅2.49%，顯示台廠經營辛苦。最後實際上至2018年微型投影機出貨還是僅約80萬台，與2009年所估微投影機在2013年就能出貨1,075萬台，實有天壤之別。

中國投影機市場竄出，2018至2023年中國投影機市場的複合增長率約15.5%。不過投影機市場競爭壓力大，廠商獲利不易。

液態金屬產業鏈不夠完整無法成主流

液態金屬也稱金屬玻璃，具重量輕、強硬、高彈性等優點。其強度為鈦合金的1.5倍、不鏽鋼的3倍、鋁、鎂合金的10倍以上，在抗腐蝕性（抗汗）、精度、耐磨、成型方式、抗摔、閃耀等方面都有很大的優勢，液態金屬最能夠保護手機免受衝擊和螢幕破損。

蘋果手機在2012年時傳聞將採用液態金屬做手機機殼，美國液態金屬股LQMT 2012年股價大漲近4倍，台股液態金屬股捷邦（1566；與應華5392合併，應華為存續公司）股價也大漲4倍。但液態金屬要完成大塊成型工藝難度極高，同時產業供應鏈不夠完善，量產有瓶頸，LQMT年年虧損，捷邦也在2019年7月31日終止交易，液態金屬未成手機機殼材料。

液態金屬在電子產品、醫療設備、戶外運動設備、汽車、穿戴裝置、AI等領域有廣泛應用。液態金屬也應用在CPU散熱的液態金屬散熱膏、散熱薄片等領域。歐米茄（OMEGA）曾推世界上第一款配備結合液態金屬與陶瓷表圈環的手錶。

液態金屬未被市場主流接受的主因：

（1）技術困難度很高：液態金屬需要在真空環境中完成快速冷卻，以防止材料的氧化和結晶，良率較低，所以液態金屬要完成「大塊成型」的難度極高。加上密度較大，一直存在重量減不下來問題。

（2）產能瓶頸：產業鏈不夠完善，企業規模有限。也因為不容易獲利，美液態金屬股LQMT在2012年時雖曾大漲，但之後因年年虧損，獲利毫無起色，所以股價長期始終維持低迷格局。

（3）手機外觀去金屬化：隨著5G、全螢幕、無線充電等新技術不斷發展，因天線收訊問題機殼趨勢已由金屬機殼改回玻璃機殼。

不過液態金屬近年來在其他3C產品多所應用，以少量多樣化為主。Swatch、Omega等高端手錶品牌便在手錶內的數字和刻度上採用了液態金屬材質。手機的SIM取卡針、卡槽、轉軸等也應用了液態金屬等。

3D列印需降低售價市場才能放大

3D電影阿凡達在2009年票房大賣，阿凡達票房收入超過20億美元的電影，是史上第二高的賣座電影，僅次於亂世佳人，阿凡達掀起3D電影熱潮。3D列印技術也在2013年快速地崛起，2013年3D列印市場產值約25億美元，2014年快速增至約38億美元，當時法人估全球3D列印產值由2013年至2018年的年複合成長率達45.7%。當時曾樂觀估2010年全球3D電視市場的規模為11億美元，估至2015年將達158億美元的市場規模。

3D列印甚至被稱為第三次工業革命，第一次工業革命是指以機器代替手工勞動的時代，第二次工業革命是人類進入了電氣時代。3D列印技術之所以被尊稱為第三次工業革命，是因3D列印更將顛覆你我的生活，應用範圍不只在航太、醫療、娛樂市場，還可以列印真人，3D列印因可實現所謂的個性化大量生產或大規模訂製，意含其商機龐大。

2013年可說是3D列印股股價最狂飆的一年，美股3D列印股Stratasys（SSYS-US）股價由18.54美元漲至120美元、3D Systems（DDD-US）也由10.8大漲至94.45美元，漲幅都相當驚人。當時國內3D列印股大塚（3570）由39元漲至193元，實威（8416）由48元漲至272元，聰泰（5474）由15元漲至117元。

3D列印應用範圍極廣，如手機廠採用3D列印技術可設計出最佳機殼外型，改善過去陳舊款式觀感。數學教學時用立體模型可提高學生空間想像力。建築師可設計最理想的建築物立體模型。球鞋廠商可設計最適合的球鞋，減輕了球員的承受重量及增加了球員的速度。醫院可應用患者自己的細胞列印3D心臟等不同器官。太空公司可打造最理想的3D列印火箭、衛星。禮品公司用雷射熔化技術製造電影《哈利．波特》中的魔法聖器飾品等多款禮品等。

3D列印技術發展也曾引爆3D電影、3D電視熱潮，觀看時需配帶3D眼鏡的3D電影不斷被推出。電腦展也展示很多3D列印繪圖程式控制以及3D浮空投影技術的研發，其中3D浮空投影技術若進入日常生活，將比目前流行的虛擬實境更具競爭力，看足球賽感覺足球快要踢到你的臉，看大白鯊覺得它快咬到你，視覺逼真，處處怵目驚心，當時3D成為時尚最朗朗上口的流行術語。

但3D列印股才2年時間股價都很快跌回原點，線型上為何呈現金字塔式急漲急跌格局呢？主因：

（1）3D印表機價格太貴：動輒百萬元價位，即使跌至2,000美元的3D列印機還是太貴，因一般印表機太廉價了。

（2）列印耗材實在太貴了：列印一、兩件作品就需要消耗掉一盒500美元的列印粉材料，實在太傷荷包了。

（3）研究費用、材料成本很高：很多企業或用戶無法負起這樣的高額，所以就無法進入市場。而工業3D列印設備本身的營運和維護成本較高，導致價格昂貴，成本不好下降。以粉末材料（SLS）製造技術為例，由於需使用大功率激光器，除了本身的設備成本，還需要很多輔助保護工藝，不僅技術難度大，維護成本高，如激光頭的損耗非常高。

（4）設計軟體非常複雜，耗時耗工。

（5）3D印表機列印的速度仍不夠快。

（6）安全問題：使用的粉末容易造成髒亂並有爆炸的潛在危險，高溫操作產生廢棄物及室內散洩物都會產生安全上的問題。

觀賞3D電影統計有高達2／3的觀眾會感到一定程度的不適，有7％的人報告了劇烈的頭痛，且將製作精良的2D電影轉成3D，其實是會降低影片品質，3D轉換時讓畫面變暗，圖像銳度會降低。動作片裡有許多快速切換的鏡頭，觀眾根本沒機會沉浸到立體的世界裡，3D電影眼睛需要長時間保持專注，所以你更容易出現頭疼噁心的症狀。裸眼3D電視因裸眼3D技術存在著與LCD電視不相容的問題，一直都沒有得到解決，所以用戶觀賞體驗不好，也導致3D電視的口碑和銷量日漸走低。

3D電視的銷售量從2012年起直線下降，市佔率從23％至2016年只剩下8％。連同支持3D功能的藍光播放器也跟著衰退，佔藍光播放器總銷售量從2012年的40％到2016年跌至11％。2012年Direc TV（直播衛星電視）取消全天候3D頻道，2013年時ESPN（娛樂、體育節目電視網）也承認失敗結束ESPN 3D。生產裸眼3D電視的Sky Media在2016年宣告破產，LG（樂金）和 SONY（新力）在2017 年也不再生產3D電視產品。

電視品牌業者與其苦苦在3D電視技術上掙扎，卻又不一定能取得好的效果，還不如在兼容性和實際體驗效果更好的4K（4,000像素）、HDR（High Dynamic Range Imaging高動態範圍成像）等技術上發力，事實上這個方向後來印證是正確的，4K電視已基本獲得市場和用戶的廣泛認可。估8K、量子電視等逐漸將成為影像技術與電視業界的主流。

全球3D列印市場在2017年後從激情過後轉為穩定成長，估2017至2022年年均複合成長率約20.5%。估汽車、飛機製造等3D列印貢獻市場約50%，其次是醫療行業，所以3D列印市場是以工業利基型為主。台股3D概念股如金寶（2312）投資的三緯國際佔全球消費性3D印表機市場約有25%市佔率。

WiMAX技不如人無法成為4G主流

政府2007年主導推動M台灣計畫，投資11.38億美元推動WiMAX，期盼WiMAX寬頻傳輸技術成為4G主流。但網絡設施、晶片供應等產業鏈搭配不及的情況下，WiMAX的用戶使用體驗非常差，至2012 年發展5年還不足15萬戶，政府最後被迫無奈在2015年選擇撤照，使發展8年的WiMAX寬頻傳輸技術正式走入歷史，台灣通信業投資WiMAX大幅損失約700億元，足足上了一堂慘痛的課程。

行動電話的通訊標準世代（Generation）可以分為以下幾個階段。1G是1971年由芬蘭發展，成為第一個使用的商業移動電話網路的國家。屬類比式行動電話，當時只有少數商務人士使用大哥大，就是又大又笨重的黑金剛。1G基地台是蜂巢式架構，所以收訊效果較差，使用上多單純打電話，因通訊安全性低，很容易被監聽，1G世代以美國、歐洲、日本三個地區的電信廠商最具競爭力。

2G通訊技術規格標準有歐洲的GSM、美國的cdmaOne系統（CDMA系統的前身）及日本PDC（Personal Digital Cellular）系統。日本的通訊系統主要分為高功率的PDC類似台灣的GSM系統，以及低功率的PHS（Person Handy-phone System）兩大類系統。

2G以GSM市佔率最高，GSM又稱全球移動通訊系統。GSM是1982年歐洲郵電管委會制定。在1991年易利信（Ericsson）、諾基亞（Nokia）率先在歐洲架設了第一個 GSM網路。GSM使用SIM卡，可以快速更換裝置，因為使用便利而快速成長。GSM除具有通話功能外，也導入簡訊功能，支援資料傳輸與傳真。但因為速度緩慢只適合傳輸量低的電子郵件、訊息等資訊。短短十年內全世界有162個國家建立GSM 網路，使用人數超過1億人。

歐洲憑藉GSM 的成功，在電信行業擁有領先地位。當時排名在前面的通信廠商包括易利信（瑞典）、諾基亞（芬蘭）、阿爾卡特（法國）、西門子（德國）等都是歐洲品牌，而美國這邊的通信設備商只有摩托羅拉、朗訊等，整體實力弱於歐洲。不過美國的CDMA系統市佔率雖低，但已展現潛力，CDMA透過加密的方式，讓1條路上同時有很多用戶可以連線，但彼此都不知道彼此存在，這可創造乘載量是GSM的10倍以上，且速度可快3至9倍。

3G世代通訊標準首先由日本NTT DoCoMo在2001年提供服務，但用戶的增長及普及的速度一直非常緩慢。除了系統設計模式、基地台網路擴建過慢外，3G的服務是結合聲音、影像及動畫等多媒體功能，造成手機耗電、服務費用變貴等問題，日本電信商始終無法突破，這些都是日本3G服務的擴展緩慢主因。

歐洲一直是行動通訊標準制定的領導者，因此也推歐標的3G稱之WCDMA（Wideband Code Division Multiple Access寬頻碼分多址）。美國廠商如蘋果、英特爾、IBM、微軟等都是手機、PC等領先品牌廠商，是3G通訊最大使用群，這些IT巨頭認為3G若再用歐規的WCDMA，等於消費型電子產業將完全受制於人，所以就在CDMA基礎上設計出CDMA2000，打算和2G 時代一樣，和歐洲繼續分庭抗禮，掌握更多的主動權。

中國也因國防考量及自身國內消費市場也夠大，因此也自行發展自己的系統稱之TD-SCDMA，在2000年時歐規WCDMA、美規CDMA2000及中規的TD-SCDMA就共同成為3G的國際標準。3G最大的優點是更快的網速，2G的下載速度最快約僅64kbps，而3G初期的速度則為300k至2Mbps，足足提升了30倍之多。其中WCDMA陣營還是市場主流，扣除中國外全球市佔率約80%，CDMA 2000本就較居弱勢加上誰也不想被高通揩油，所以CDMA2000的市佔率都約在20%以下。

因PC明顯式微，英特爾、IBM、微軟等這些IT巨頭積極尋求轉型，迫切欲主導下一代4G電信通訊網路標準。畢竟電信通訊傳輸商機龐大，英特爾在2005年成立WiMAX實驗室，WiMAX技術主導者是英特爾、IBM、摩托羅拉、北電網絡等美系廠商為主。

WiMAX的設計緣由是基於IP網絡，實際上並不算是移動通信技術，應該是屬加強版的Wi-Fi架構。英特爾宣稱WiMAX晶片的價格只有傳統3G晶片的10分之1。亞洲地區除中國大陸之外，日本、韓國、馬來西亞、菲律賓等國都因英特爾積極拉攏都積極部署WiMAX。台灣2005年時PC大廠如廣達（2382）、華碩（2357）、宏碁（2353）等，都因與英特爾關係密切，因此在態度上是惟美國馬首是瞻，全國產學界全力押寶WiMAX，政府計發6張WiMAX 證照分別為台灣的全球一動、威邁思電信、遠傳電信、大眾電信、大同電信、威達電訊等，全力搶攻WiMAX通訊商機。

當時歐規的WCDMA陣營的4G版本尚未制定，因此預估率先發展的WiMAX技術領先後來才制訂的4G標準LTE至少2年以上，因此對WiMAX的前景是一片看好。

歐洲對美國的商業做法是很不爽的，2G時有cdmaOne系統、3G時又搞個CDMA2000、4G又要搞個WiMAX，分明就是來找麻煩的！諾基亞跟英特爾兩方陣營時常隔空對罵，吵得不可開交，但就在關鍵時刻，美國陣營出現叛徒-高通（QCOM-US），高通產生關鍵性的影響力。

高通在3G的3個規格（WCDMA、CDMA2000、TD-SCDMA）全部通吃，三個標準都需使用CDMA技術，高通都有權利金可拿。CDMA比喻在一間房間中，同時有人說中文有人說英文，彼此會有干擾的產生，CDMA可以在同一時間、空間，有多組人用不同語言交談，但不會彼此干擾。高通怕萬一若WiMAX成為主流，就可能沒有CDMA權利金可拿。所以高通根本不希望發展WiMAX，高通在LTE技術上明顯較有好處。

在高通和WiMAX陣營的談判失敗後，高通所有的晶片都不支持WiMAX。英特爾雖然PC晶片獨霸，也是全球最大半導體公司，但手機晶片不強，在網絡設施、晶片供應不足及產業鏈嚴重供應不足下，WiMAX的用戶使用體驗非常差，WiMAX陣營遂逐漸瓦解。

WiMAX陣營的最大支柱英特爾在2011年宣布解散WiMAX實驗室，台灣6家營運商的WiMAX用戶在2007年至2012 年發展5年用戶還不足15萬戶，相對LTE雖較晚起步，但全球用戶在2011年就有1,690萬戶，2013年更達1億5,100萬戶，發展非常迅速。很顯然WiMAX不受市場青睞，政府最後被迫無奈選擇撤照，從此台灣自2007年發展的WiMAX通訊寬頻產業至2015年正式走入歷史。

台廠分不到大陸博弈產業商機

華人賭性堅強，博弈題材如彩券、賽馬、賭場等博弈產業一直被認為有龐大商機。在2007年澳門博弈收入達100億美元正式超越拉斯維加斯的70億美元，成為全球最大賭城，帶動當時博弈熱潮。美國永利酒店（WYNN）、金沙集團（LVS）均看好華人的博弈潛力，紛紛來東方的澳門、中國淘金，最後也證明當時這些博弈集團來亞洲淘金的判斷是對的，至2015年時澳門博弈收入衝高至450億美元，同時拉斯維加斯的營業額仍停滯在70億美元左右。2007年時WYNN股價由43美元大漲至157美元、LVS股價由32美元漲至104美元。伍豐（8076）是台股博弈概念股之一，2007年跟上博弈風潮，獲利17.5元達到最高峰，股價在2007年3Q時曾創造1,085元的千元傳奇。

伍豐於2004年與韓國Comtech（通訊科技）合作共同取得韓國彩券標案，開始進入彩券機市場。2006年伍豐結合Intralot（希臘博弈集團）及國眾（5410）等成立樂富資訊公司，一舉拿下台灣彩券6,000台彩券機標案，跨入彩券市場。2006年同年100％轉投資中國坤申電子與中國廠商TiT共同標下中國多數省份體育彩券標案，使公司由POS收銀機（Point of Sale）製造商轉而成為博弈機製造商。

伍豐2007年與新加坡上市公司SGX合作，透過這項跨國策略聯盟，伍豐由硬體供應商成為亞太彩券市場營運商。2008年與南韓樂天集團旗下的樂天通信（LDCC）簽訂合作協議書，供應POS收銀機及相關硬體產品給樂天集團內部之眾多餐飲及流通事業。伍豐在2006～2007年時期屢戰屢勝，開發中南美洲、澳洲、紐西蘭、中國等市場都有斬獲，獲利節節高升，伍豐在2007年獲利高達17.5元。中國博弈市場在2009年後崛起，中國彩票在1987年開始第一年銷量為0.17億元人民幣，發展至2017年彩票銷量達4,266億元人民幣，也就是2009～2017年期間中國博弈市場成長速度驚人，中國廠商在香港掛牌的博弈股股價表現亮麗，中國博弈股在2013～2014年獲利達到高峰，在2014年時如銀河娛樂（00027-HK）由1.16港元漲至83.2港元、美高梅中國（02282-HK）由10.76港元漲至35.15港元、新濠國際（00200-HK）由5.63港元漲至31.4港元。

雖然伍豐也是最早進入中國彩票市場的博弈廠商，不過伍豐在2009年至2019年獲利都未超過2元，顯然沒有受惠中國博弈產業興起而使業績轉為突出亮麗，主要是中國本地廠商崛起，伍豐競爭不過中國本地廠商，因搶不到中國博弈商機因而獲利差股價跌。

雖然伍豐轉至俄羅斯投資海參崴賭場水晶虎宮殿，但獲利始終無起色，加上國內博弈公投題材無法過關，在缺乏獲利及題材奧援下，股價無法有效凝聚人氣。另一博弈概念股泰偉（3064）曾在2007年創造出369元高價後，也因獲利不佳股價低迷。

第三部

投資標的進階觀察方法

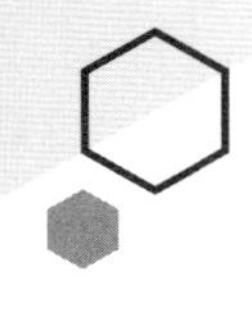

第六章

基本指標讓你過濾失敗者：營益率、股東權益報酬率

投資一家公司的理由不管是因為他身處快速成長產業，或是經營績效超佳，投資後仍要時時緊盯營運情況，因為快速成長產業中，可能會有輸家，而過去經營良好企業，也可能好景不常。因此投資後要時時注意營益率、股東權益報酬率（ROE）。經營績效指標變差，如營益率由正轉差或衰退幅度達2成以上，都是警訊則要小心，準備出場！

數台股過去風雲人物，如宏達電（2498）、威盛（2388）、茂迪（6244）、益通（3452；已下市）、禾伸堂（3026）、國巨（2327）、陞泰（8072）等都是股價曾超過千元或近千元級俱樂部成員，還看今朝都陷入經營困境，魔鬼出現在細節裡，其股價由盛轉衰都是從經營績效指標明顯衰退可看出端倪。

如毅嘉（2402）2014年時股價由51.7元跌至12.35元，主因營益率由9.93％轉為負0.78％。兆赫（2485）2016年時由67元跌至15.1元，主因是營益率由5.84%跌至1.56%（衰退73%）。新光鋼（2031）在2018年第四季股價由47.65元跌至31元，主因是營益率2018年第三季7.75%，第四季轉為負4.72%。

產品控管屢屢出包導致衰退——手機廠商宏達電（2498）

宏達電（HTC）手機在2011年時全球市佔率10.9%，在美市占率達22.9%擊敗蘋果。出口金額曾佔台灣出口金額約25%，曾是台股最英姿挺拔的「風雲人物」，宏達電股價在2011年4月創造1,300元最高峰。但好景不常，股價很快由盛轉衰，這可從經營績效指標明顯衰退可看出端倪，宏達電營益率在2011年約14.25%、2012年約6.25%（衰退55%）、2013年由正轉負為負1.95%。

圖6-1：宏達電2012年營益率明顯下滑 股價開始下跌修正

資料來源：精誠資訊

宏達電在2007年時每股獲利已高達50元，2008年～2010年獲利都是高水準，2011年更是高達73.32元，當時輝煌成績是因有卓越的研發能力：

（1）宏達電在簡易型電腦如PDA（個人數位助理）、Pocket PC（口袋型電腦）技術基礎紮實，有利在手機率先走領先群：

宏達電在2000 年與當時最大PC廠康柏（後被惠普併購）合作生產掌上型電腦iPAQ，這款掌上型電腦在2000年被列為金氏世界紀錄功能最強之PDA。宏達電與微軟關係良好，宏達電所生產的電子產品都是搭載最新的微軟視窗（Windows）系統。當時Windows作業系統是最廣為流行的軟體，Windows mobile（WM）系統設計是在Google Android、蘋果iOS等軟體尚未問世前，是移動式電子裝置產品搭載最主流最受歡迎的作業系統。

（2）跟電信公司關係良好：

2002年時宏達電推出兼具通話和訊息傳輸功能的PDA（喚名XDA），因包含無線上網、郵件、多媒體等多項服務功能，使得每戶每月平均話費提升3倍，這讓電信廠商很樂於推銷宏達電手機。

（3）搶得Android（安卓）頭波商機：

谷歌合併Android公司改良Linux軟體（一種開放式作業系統）後，在2007年與84家硬體製造商、軟體開發商及電信營運商成立開放手機聯盟來共同發表Android系統。

宏達電在2008年推出全球第一款Android手機，啟動宏達電和谷歌往後多年的合作契機。首支谷歌Android手機取名HTC Dream發表時風靡全球，搭載側滑式鍵盤內建Gmail、Google地圖、Google街景服務等多項谷歌服務，谷歌Android陣營開始壯大由此開始。

2009年宏達電再推具有多點觸控功能的英雄機（Hero），狠狠擊敗當時主流手機如iPhone 3GS，Nokia的Symbian系統及WM手機等。Android手機優勢在於App越來越多、作業系統簡易，顯然谷歌Android手機最能展現真正智慧型手機的優異特性。

（4）宏達電替谷歌代工自有品牌手機：

谷歌以軟體見長，硬體、組裝及產品包裝行銷等環節較弱，谷歌自有品牌手機如Nexus、Pixel等通常賣不好。但谷歌推自有品牌手機可比喻是推一間空房子，三星拿來裝修就變成韓式料理餐廳、宏達電拿來裝修就變成台灣料理餐廳、Sony拿來裝修就變成日本料理餐廳，也就是說誰能替谷歌自有品牌手機代工，就能掌握當時的手機設計及趨勢。

2010年谷歌首款自有品牌手機Nexus One由宏達電代工，2010年HTC Desire上市與Android升級版2.2搭配非常順暢，雖然訂價不便宜，但銷售業績呈爆炸性的成長，就是掌握手機的流行趨向。

宏達電手機銷售量從2011年4,430萬支高峰一路下滑，至2017年剩500萬支，2018年僅約200萬支。宏達電辛辛苦苦建立的紮實基礎，怎會忽然一夕豬羊變色呢？

（1）品管屢屢出包：

2012年推出One X陸續傳出螢幕瑕疵、One S台灣版本處理器、電訊瞬斷等負面消息頻傳。最暢銷的蝴蝶機也傳會當機。一體成型的One M7雖開啟金屬流線機身風潮，獲得市場一致好評，但因良率與產品的控管不佳嚴重影響出貨。

（2）手機測試機構對宏達電手機順暢度評分總是落後對手：

如2011年時宏達電推旗艦機Sensation（感動機）在測試機構Geekbench的測試分數約2,254分，遠遠落後同世代的三星S2的3,504分。在2013年時的New One測試分數約2,687分，遠輸給同世代的三星S4的3,163分。宏達電的評分明顯輸給零組件上、下游供應鏈完整的三星。

（3）宏達電手機熱賣時常拿不到關鍵零組件，以致出貨延宕：

如三星能夠在上游控制手機晶片、快閃記憶體、DRAM、螢幕面板，下游手機的零配件約 60%都控制在自己手中生產，因產線的垂直整合集中生產，能夠有效控制成本與生產進程。

如蘋果自己能研發手機最核心的晶片，雖然配備不是最頂級，但蘋果手機每次測試機構測試分數都是最高，軟、硬體順暢度最強大，如2019年時蘋果A13跑分13,769分，高於華為麒麟990的12,400分、高通S855加強版的10,765分。蘋果也有能力操控下游零組件廠商。

宏達電所有的零配件都來自第三方廠商，等於口袋空空將自己的命脈全部放在了別人的手中，如2010年三星以AMOLED產能不足為由硬給宏達電斷貨，當時賣的火熱的Desire手機不得不將螢幕換成了Sony的SLCD，結果使宏達電的買氣急墜。如2012年蝴蝶機熱賣但一直處於缺貨狀態，如2013年ONE的一直延遲出貨。再再顯示宏達電的供應鏈出現非常大的弱點，明顯嚴重受制於人。

（4）宏達電失去谷歌品牌手機代工機會：

谷歌將手機代工陸續轉給三星、LG、華為等廠商，宏達電再也無法取得代工機會，宏達電就無法再掌握未來手機設計趨勢，宏達電索性將手機代工部門在2017年賣給谷歌。

（5）持續發生核心技術專利訴訟衝擊，宏達電創新能力：

如諾基亞控訴宏達電，德國法院最新裁定認宏達電產品侵犯諾基亞的藍牙或近距離無線通訊（NFC）傳輸資訊相關專利。

如蘋果也持續地控訴宏達電，因宏達電專利儲備幾乎沒有，所以宏達電的專利官司一直輸。

如一家名為iPcom的公司在德國控訴宏達電侵犯其專利權，要求禁止其在德國銷售，宏達電輸掉官司後痛失德國市場。

公司也出現內鬼等內憂外患窘境，宏達電前研發部副總簡志霖遭控將尚未公開的商業機密攜往中國，當時簡志霖的洩密叛逃不僅重創員工士氣，也再次打擊投資人的信心。

（6）大陸手機崛起：

2011年下半年開始中國品牌手機廠崛起，瑞士信貸統計2019年中國品牌手機廠商出貨量華為約2.41億支、OPPO約1.14億支、小米約1.26億支、Vivo約1.1億支，都已是億支以上大廠商。

宏達電的願景已轉向虛擬實境（VR）、擴增實境（AR）、AI、5G及區塊鏈等關鍵科技上，融合應用以創造出豐富的沉浸式體驗，也積極推區塊鏈手機，需觀察宏達電營益率變化，若轉正至10%以上後，才具投資價值。

專利不足導致功敗垂成——晶片組廠商威盛（2388）

1996至2001年時個人電腦（PC）產業的輝煌榮景，帶動台灣創造經濟奇蹟。

當時PC概念股如華碩（2357）曾漲至890元、宏碁（2353）曾漲至241元、威盛（2388）曾漲至629元。其中威盛最為人所津津樂道，威盛產品晶片組曾以小蝦米對抗大鯨魚戰勝英特爾（INTC-US），創造台灣高科技的光榮戰績。

在2000年時威盛晶片組的市佔率曾一度突破50%躍居全球第一名。但好景不長，股價很快由盛轉衰，這還是從營益率明顯衰退可看出端倪，威盛的營益率2000年約29.59％、2001年約22.38％（衰退24％）、2002年約11.49％（衰退48%）、2003年約1.21%（衰退90%），營益率一路下滑。

PC產業在1997年時年成長16.8％，1998年時年成長15.6%，1999年年長24.1%，2000年年成長17.2%。全球PC的盛況推升當時國內電腦資訊業的蓬勃發展，由於PC產業獲利狀況良好，台股呈現百花齊放、百鳥爭鳴的榮景，2000年大盤漲至10,393點萬點行情。

1999年時台股電子業自有品牌頭角崢嶸，最具國際競爭實力。其中晶片組除英特爾外，都是台廠品牌，如威盛的Via、矽統（2363）的SiS、揚智（3041）的

圖6-3：專利不足使威盛功敗垂成2000年股價創高後一路下滑

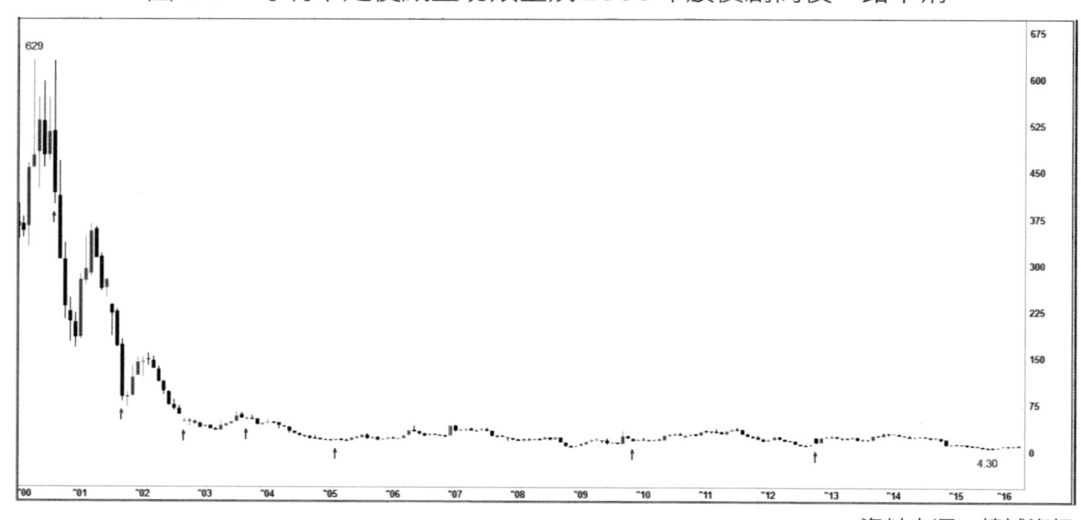

資料來源：精誠資訊

Ali。PC中的中央處理器（CPU）可比喻為PC的大腦負責資料的運算及處理，晶片組（Chip Set）是電腦中負責聯繫CPU與其他周邊設備的控制中心，功能為資料的傳遞與轉換，因此CPU與晶片組的關係非常密切，通常是CPU的規格及技術的改變會主宰晶片組的技術發展方向。

晶片組有兩顆晶片分別為北橋晶片及南橋晶片。北橋晶片負責高速傳輸，溝通CPU與記憶體、繪圖晶片、音效晶片。南橋則負責主機板的輸入／輸出（I／O）控制匯流排速度較慢的週邊設備。

PC的發展一直由Wintel（微軟Windows軟體+英特爾中央處理器）主導，也就是CPU、晶片組、外頻的SDRAM同步隨機存取記憶體（指外部周邊傳輸資料的速率）等硬體規格由英特爾主導，軟體作業系統的規格及更新由微軟的視窗（Windows）主導。

1998年時外頻的規格是PC100，PC100的工作頻率是100MHz，英特爾因跟Rambus（技術授權公司）合作在1999年推PC800，PC800的工作頻率400MHz。但當時威盛認為Rambus技術尚未完全成熟，良率低、體積大、要如何有效散熱等都是大問題，威盛判斷PC800推出時機並未成熟。

威盛在1999年下半年至全球各大廠積極遊說，獲得美光（MU-US）、三星（005930-KRT）、NEC（6701-JP）、西門子（SI-US）約13家記憶體供應商的支持，共推PC133規格，其工作頻率約133 MHz。當時PC大廠如康柏（Compaq）、戴爾（DELL-US）、惠普（HPQ-US）、IBM（IBM-US）等都支持PC133規格。

威盛的晶片組產品Apollo Pro133供貨時間又比英特爾支援的Rambus架構的820晶片組問世時間提早了5個月，此時小蝦米開始蠶食大鯨魚，經過一番廝殺後，在2000年時威盛晶片組全年市佔率衝至43%（曾一度突破50%），超過英特爾的41.55%、矽統的12%、揚智的3.38%，台灣的小蝦米真的創造打敗大鯨魚的驚人成績。

但威盛好景沒維持太久，英特爾很快反攻，在2000年11月發布P4處理器，外頻支援DDR（雙倍資料速率），其工作頻率約200MHz。英特爾因良率高加上砸下極為龐大的廣告費用，全力提高P4的知名度。很快地P4成為市場主流。2001年英特爾將P4處理器的專利授權給揚智、矽統，但英特爾就是故意遲遲不肯授權給威盛。當時有人建議威盛不要用Via品牌，用白牌行銷避免侵犯專利，但當時威盛是市佔率高達43%的大公司當然不肯，威盛便硬推其自行設計的DDR晶片組。

2002年時英特爾控告威盛侵犯其最高階處理器Pentium 4與晶片組的專利權5項專利權後，市場多不敢用威盛產品，威盛在市佔率不斷流失下，在現實逼迫下2003年與英特爾訴訟達成和解，並簽署了一項為期10年的交互授權協議，威盛自此之後在專利受制於人的環境下，業績始終無法起色，加上2000年網路泡沫拖累下PC產業遭重創，經過這雙重衝擊後，從此威盛的營運便一落千丈。

由於晶片體積被要求更加輕薄短小，晶片組不僅需將南北橋兩顆晶片整合成一顆SoC單晶片（System on a Chip），甚至北橋晶片整合進CPU內已是不可抵擋的趨勢，晶片組過去暴利機會已不復存在。威盛必須轉型多角化經營，如在智慧工業、智慧交通、物聯網等市場積極布局，才能突破困境。威盛營益率需轉正至10%以上才具投資價值。

三星告密遭被課反傾銷稅元氣大傷——液晶顯示器（LCD）面板

LCD面板曾是台灣之光，2007年時台灣大尺寸面板出貨佔全球比重約46.5%，高於韓國的41.4%、日本的4.5%、是全球第一大面板生產國，當時液晶顯示器產業與半導體產業被稱為兩兆雙星產業。

友達（2409）是當時LCD最大廠商，2007獲利高達564億元，營益率達12.74%，股價曾漲至73.5元，市值高達5,600億元。但好景不長，股價很快由盛轉衰，這還是從營益率明顯衰退可看出端倪，友達的營益率2007年約12.74%、2008年約6.37%（衰退50%）、2009年轉負約負5.72%，營益率一路下滑，兩兆

圖6-4：面板股友達2007年風光2008年因韓廠搶單營益率下滑

資料來源：精誠資訊

雙星明星產業瞬間轉變為四大慘業之一。

台灣LCD產業濫殤是在1997年華映取得日本三菱公司技轉LCD技術。1988年台灣工研院開始對LCD技術研發，1990年台灣就已經開建第一條大尺寸LCD生產線，比韓國三星的第一條大尺寸LCD生產線還快一年，台灣LCD產業在歷經十年的發展至2007年產值達1.69兆元，超越韓國躍居世界第一。大尺寸面板在2003至2007年間產值年成長率高達44.32％，2007年時面板及相關產業產值佔GDP約12.9％，大於半導體產業的9.7％，當時市場人手一張面板股，面板股盛況空前。

台灣面板產業在2008年開始走下坡雖源由於金融海嘯衝擊，金融海嘯時韓國貨幣大貶，韓圜2007年約895兌一美元，2008年貶至1,604兌一美元，計大貶79％；新台幣2007年時約30兌一美元、2008年約35.47兌一美元，計只貶18％。韓廠利用此次匯率大貶大舉搶單，友達2007年獲利564億元、2008年剩212億元、2009年竟大虧268億元，由友達獲利變化確實對台廠是重傷害。

後續的重傷害是2010年被歐盟判聯合壟斷。此案追溯到2001年至2006年台灣、日本、韓國液晶面板製造商合謀操縱價格，導致蘋果、惠普等下游企業以及消費者支付了較高費用，因三星率先通報（告密）操縱價格行為，2010年歐盟裁定韓LGD（樂金）、奇美電（3481；被群創合併）、友達、華映（2475；已下市）、瀚宇彩晶（6116）等5家韓台面板製造商，因聯合壟斷面板價格合計被裁罰台幣262億元，其中以奇美被罰台幣121億元最重，最讓人氣結的是告密者三星竟然沒事。

彩晶在2011年承認液晶面板製造廠商有開「液晶會議」這回事，除了價格操縱外，還交換未來生產及其它業務計畫訊息，在2001年至2006年期間曾密謀約60次，地點在台灣的酒店，這些密謀被稱之液晶會議。那為什麼要操縱價格呢？雖然當時面板需求非常強勁，但供給增速更大，市場供過於求達8.8%，因前四大廠市佔率80%以上，有實力操縱市場價格。液晶會議後確立聯合減產，面板供需就豬羊變色轉成供不應求達6.9%，面板價格就迅速止穩回升。

台、韓面板廠我消彼長，另一關鍵因素是經營策略觀念。台廠在經營觀念屬傳統製造業的思維，流程是面板廠工作就做好面板成品及面板技術研發、品牌廠商做好組裝、通路商做好行銷及售後服務。

韓廠經營策略觀念是整併上下游成一條龍的經營模式，三星、LGD都有自己的電視品牌，同時也是面板製造廠，所以他們較能由下而上徹底了解市場需求榮枯，較能高度掌握市場動態，經營利潤率因而大幅提高，進而累積實力較能對抗不景氣時的衝擊。

面板產業發展至2020年成資本密集產業，若沒蓋更先進廠房就無法降低成本，就會喪失競爭力。如以生產65吋面板為例，6代廠產出的面板僅能切割2片、8.5代廠可切割3片、10.5代廠就可切割到8片，很明顯10.5代廠與6代廠相比，每片面板經濟切割數將可大幅提升50%以上，成本大幅下降，競爭力大幅轉強。

但面板廠蓋先進廠房是不斷在燒錢，如建造一座6代廠需13.2億美元，一座7代廠需17.6億美元、友達蓋一座8.5代廠預算估需30億美元，鴻海（2317）蓋一座10.5代廠預算估需88億美元，每年提列折舊龐大，要是公司規模不夠大，後續將無法持續投資，競爭力就會快速衰退。

中國廠商蓋面板廠通常與地方政府合資，地方政府持股可能是49％或51％，且會負責出面向金融機構融資擔保。中國面板廠僅需出資約不到3成，這樣折舊費用就會大幅減少，財務壓力減輕。中國面板產業的資本支出在2018至2020年規劃投資金額約2.6兆人民幣，產能將增加93.5萬片，韓廠在中國投資8.5代廠擴產產能估超過30％以上，中國面板產量估至2023年全球市佔率將高達62％。

全球10代面板廠2017年至2020年計有6座加入產能，10代廠面板產能面積年複合成長率高達59％。但之後供給並未稍歇，全球2022年前有19座8／8.5代以上廠及20座5.5／6代廠投入產能，市場供過於求壓力仍大。

台廠財務壓力遠比陸廠大，如友達2018年獲利約100億元，其中折舊就提列370億元。台廠2023年全球市佔率將降至約18％左右，將無制價權，因此應走利基性市場，如8K TV、量子點（QLED）TV、曲面電視、平面TV、高動態範圍（HDR）等高利潤市場，及工業4.0、車載、工控、醫療面板、VR等利基性為發展方向。

Micro LED（微發光二極體顯示器）是未來明星產業，估投資1座Micro LED廠需200億元，對LED廠商如晶電（2448）、榮創（3437）等LED晶粒廠來說成本太重。通常Micro LED廠是由面板廠來投資，估計商機潛力較大。面板股以友達為例，PB在0.55倍以下是較適合進場區。

全球各國政府補貼政策是關鍵——太陽能產業

太陽能產業一度是台股明星產業。為因應全球暖化嚴重問題，全球主要國家在1997年於日本京都簽訂京都議定書，當時條約目標在2012年前工業國家整體的溫室氣體排放量減少5.2％，歐盟減碳目標為8％，其中德國減碳目標19％、日本減碳目標為6％。

美國前副總統高爾一直對環境保育運動不遺餘力，2007年獲得諾貝爾和平獎，節能減碳救地球成為全球運動。太陽能族群在2006年時是台股最熱門飆股，其中茂迪曾漲至985元、益通曾漲至1,205元。

全球太陽能裝置量在2007年成長38%，2008年更是再成長72%。但當時太陽能族群股價卻一路下滑，這還是可從營益率明顯衰退可看出端倪。茂迪的營益率2006年約26.89%、2007年約15.6%（衰退42%）、2008年約12.1%（衰退22%）、2009年約1.14%（衰退90%），營益率逐年一路下滑，這表示太陽能產業2006～2008年後雖持續成長，但上游多晶矽跌價兇猛，太陽能簽長約跌價損失嚴重，股價因而受挫。（見圖6-5）

太陽能產業的濫觴於1954年時美國Bell實驗室研發出以矽材質為主之太陽能電池，當時的轉換效率只有6%，主要應用於太空科技、人造衛星及太空船所需的電力。1992年起歐洲、日本等國開始採取補助獎勵措施，積極推廣太陽能發電系統。

太陽能產業最上游的原料為矽晶圓，依技術可區分為矽晶、薄膜兩大類。市場主流是矽晶材質的太陽能電池，矽晶可分單晶與多晶兩種。多晶轉換效率較差，但成本較低，市場仍以單晶為主流。另一種薄膜材質的轉換效率比矽晶低，但薄膜較具美觀、可撓性、在弱光環境可發電等優點。

1997年於日本京都簽訂京都議定書後各國陸續著手發展太陽能，2000年時每度發電成本使用太陽能需約40元、燃煤約3元、核能約4元、天然氣約4.5元，燃油約7元等，所以太陽能一定要政府補貼，否則毫無市場。

日本是最早進行政府補貼的國家，當時補貼幅度高達50%，德國自2004年起也大幅放寬補助金額來刺激太陽能安裝量。在2006年時太陽能電池產業在全球以日本市佔率最高達46%，其次為德國28%、美國約9%、中國約4.89%、台灣約4.15%。當時太陽能大廠多是日、德廠商，如夏普（日）、Q-Cells（德廠後被韓國韓華合併）、京瓷（日）、三洋（日）、三菱（日）、茂迪（台）等。

圖6-5：搶料源簽長約適得其反 茂迪2008年股價下跌

資料來源：精誠資訊

2006至2008年間全球太陽能電池市場大好，當時太陽能電池上游材料多晶矽廠商對擴產極為謹慎保守，多晶矽嚴重供不應求，誰能掌握料源就能快速出貨，包含茂迪、益通在內的電池廠紛紛向上游材料廠簽下少則5年，長則10年的長約。當時訂長約看似划算買賣，如以當時多晶矽價格每公斤80美元為簽訂基準，每年價格遞減20%，等於兩年後多晶矽購買價格每公斤可降至50美元，看似划算買賣。

以當時市況用80美元搶料簽長約是必要之惡，但天算不如人算，最後實際2年後多晶矽是跌至20美元，換算50美元成本是虧損達30美元，所以簽長約最終是夢魘。搶料簽長約結果是獲利大降，茂迪2006年每股獲利16元、2008年降至9.23元，太陽能族群股價嚴重受到壓抑。

2009年金融海嘯時隨著國際油價大幅下跌，由147.27美元跌至33.2美元，燃油發電成本大降，各國政府也忙於撒大錢救經濟，因此各國政府財政困窘，補助太陽能金額大減，太陽能廠庫存累積快速，市場拋貨求現的情況嚴重，因此太陽能價格持續重挫，茂迪2009年的獲利猛降至每股0.44元，太陽能頓成艱困產業。

2011年時太陽能產業獲得重生契機。2011年日本因為地震造成海嘯進而釀成311福島核災，在核災發生後本來日本共有54部核電機組運轉，事件後全部停止運轉。德國也因民間反核壓力澎湃，2011年5月宣布將在2022年前關閉所有的核電廠，當時核能發電佔德國所有發電約17.7%，增加再生能源發電。中國緊接在十二五計畫中將中國太陽能安裝量從原先的目標21GW調高為35GW。在全球各國恢復補助後，太陽能產業又恢復活力，茂迪2010年獲利回升至每股12.3元，營益率提升至18.9%。

太陽能裝置量在2011年年增74%，2012年年增42%，2013年再年增37%，太陽能裝置量明明非常暢旺，但很詭異情況再度發生，茂迪2011年竟虧損5.61元。2012年更是匪夷所思的大虧11.52元，營益率竟是負38%，怎會驟然又豬羊變色呢？

2011年時太陽能廠排名依序為無錫尚德（中）、First Solar第一太陽能(美）、晶澳（中）、英利（中）、天合光能（中）、阿斯特（加）、茂迪等，明顯看出大陸太陽能廠崛起。中國十二五計畫大量補助太陽能產業，補助可達其投資總金額的 50%，因中國太陽能電池產能自2008年起至2011年3年成長超過三倍，擴產太過快速造成供過於求嚴重。加上轉換效率可以達到15.3%，甚至達20%，因此可大規模生產，2012年全球太陽能電池產能過剩約14GW（十億瓦），太陽能電池價格從2004年每瓦約3美元，一路跌至2013年不到0.5美元。

中國太陽能電池產能不斷地擴大，由2011年的21GW到2019年約101GW、估至2023年約184GW。因為大陸產能擴充迅速，造成全球太陽能電池價格快速下滑。大陸多晶矽產能也快速增產，以最大廠保利協鑫為例，2010年多晶矽年產能約2.1萬噸、2018年擴增至約12萬噸。美國2012年對中國輸美太陽能模組課反傾銷稅，從中國進口的太陽能電池組件徵收約34%至47%的關稅。歐洲2013年也對中國生產太陽能模組進行雙反調查，並罰高額反傾銷稅率約37.3%至67.9%。

各國政府也因財政困難考量，逐年調降太陽能收購價格，日本2016年較2012年收購狂砍4成。美國也降低企業稅惠權益，所謂稅惠權益是指公司透過投資太陽能等計畫可取得高達30%的稅務優惠，美國傾向降低優惠。德國實施新的再生能源法，政府保證收購再生能源保證的價格改以競標決定，這樣收購價格會降低。中國2018年實施531新政的措施，也開始在削減太陽能補助。

全球太陽能發電佔全部發電比重約僅1.9%，還是嚴重偏低水準，若要符合京都議定書要求估計太陽能等再生能源的需求空間還是很大，太陽能的榮景仍須視各國政府何時願大幅提高補助而定。太陽能股以茂迪為例，PB在1.1倍以下是較適合進場區。

中國十城萬盞政策導致供過於求-發光二極體（LED）

發光二極體（LED）曾是政府寄望的另一個兆元產業，2007年時台灣LED全球市佔率21.6%，全球第二名。過去照明主流如燈泡等消耗全世界約20%的電力，若改發展LED當照明主流估在2025年前可使照明消耗全球電力降至10%，等於美國能省下130座發電廠電量。

LED產業產值在2010年成長高達53%，晶電（2448）是LED龍頭廠商，2010年營益率達25%，股價曾漲至122.5元。LED產值在2011年年成長7.9%，2012年年成長9.46%，雖然成長幅度趨緩，但還是穩健成長格局，不過晶電2011年營益率猛降至8.19%（衰退67%），2012年只有4.39%（衰退46%），就是因大陸供給暴增，2013年全球LED晶粒供過於求比率竟高達35%。

LED是利用電洞正負極結合，在晶粒上產生自發光源。LED燈泡不像傳統燈泡有含汞，汞對環境有害。在全球環保意識高漲聲浪下，LED照明已成為許多國家主要發展的政策，在國家政策力推下，LED照明被視為明日之星，因此2000～2007年政府會大力扶持LED產業，因LED光源的應用非常廣泛，照明、電視光

圖6-6：大陸擴產速LED供過於求 晶電2011年營益率降股價下跌

資料來源：精誠資訊

源、汽車光源、交通號誌、街燈、手機上液晶螢幕、工業用等都是龐大商機，以當時法人單純估算LED產業預期商機有機會成為台灣下一個兆元產業。

傳統燈泡如白熾燈（鎢絲燈）雖具有很多的優點，如製作簡單、成本低廉、演色性好（顏色接近自然光），但缺點為壽命短、發光效率低，白熾燈會把消耗能量中的90％轉化成無用的熱能。另外鹵素燈泡上因水晶玻璃上有油，會造成玻璃上溫度不一，減低燈泡的壽命，換鹵素燈泡時要避免人手觸及燈泡玻璃，易造成燙傷。所以改換LED燈泡將是時代必然趨勢。

白熾燈泡的平均壽命為1,200個小時，而LED燈泡的平均壽命則長達5萬個小時。LED取代鹵素燈、白熾燈等是時代趨勢。LED照明市場從2007年到2012年的年複合成長率達28.5％，在2011年時LED燈泡需求約6億顆，當時法人樂觀估2013年隨著40W及60W傳統燈泡邁入淘汰時程，LED燈泡需求可達25億顆。

在電視光源方面，LCD TV早期背光是用冷陰極管（CCFL），CCFL是低壓水銀電燈，是在玻璃管的內壁塗上一層螢光粉發光，但LED比CCFL在背光源上有更廣闊的色域、省電、畫面層次更加分明。2008年時CCFL成本約586美元，LED約707美元，CCFL較佔成本優勢，但2012年新規格LED導入下，LED TV平均每台的LED顆粒用量減少約30%，2013年直下式LED TV技術再提升，LED使用顆數再減少30%，使得低成本的直下式LED TV與CCFL背光液晶電視已近零價差。LED TV的滲透率在2008年約僅6.7%、2012年滲透率就達62%、2013年達94%幾乎全包，冷陰極管（CCFL）廠商如威力盟在產業可能被消滅趨勢下，2013年時與隆達合併。LED TV確實為LED帶來很大的需求，2009年約23.06億顆、2011年達250.79億顆。

手機用LED在2003年LED在手機使用量約52億顆，2006年達94.24億顆，2003至2006年平均複合成長率達21.9%。NB用LED背光佔比2007年2.5%，估2011年達50%，車用LED當時規畫2005年產值9.18億美元，2008年達17.36億美元，LED產業前景被市場極度看好。

明明LED在照明、電視、手機、車用等領域攻城掠地，達成兆元產業目標在望，但景氣就瞬間反轉，LED族群2011年、2012年營益率大幅下滑的癥結問題是出在產能擴充過速。大陸大額補助造成產量供過於求嚴重，以致跌價太兇，獲利能力大降。

生產LED磊晶的MOCVD機台從2009年開始進入大量擴充，大陸、韓國都大舉擴產，中國從2010年地方政府啟動機台補助政策帶動相繼設廠投資，每進1台MOCVD機台補助1,000萬人民幣。MOCVD機台佔磊晶成本約45%，中國MOCVD機台2010年新增245台，2011年再增420台，當時全球MOCVD機台數量已經超過1,500台，2011年增產約100%、2012年約60%、2013年約62%，3年下來產能明顯供過於求，LED晶粒供給量高達1,740億顆，但晶粒需求量僅1,290億顆，供過於求比率竟高達35%，造成LED廠商面臨龐大庫存壓力。

雖然2017至2022年LED供過於求下降約維持15～20%，已不再惡化。但大陸擴產速度並沒有停止，以LED晶粒產能為例，2017年三安（600703-SH）、華燦（300323-SZ）、澳洋（002245-SZ）產能年增率分別增加92％、142％、488％，LED封裝的木林森月產能2013年約90億顆，2017年突破900億顆。中國MOCVD機台數再創歷史新高，產能已佔全球約54％，因此LED整體市況不易好轉。

不過LED應用前景仍看好，如Mini LED、Micro LED、3D感測及光感測元件（SI）未來想像空間大，庫克指出蘋果對人類最大的貢獻是健康照護，3D感測、健康照護等都是下一波具暴發潛力商機。

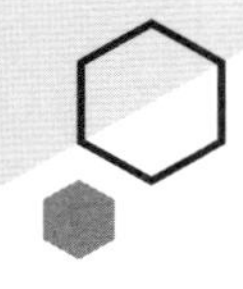

第七章

觀察投資標的策略意涵

公司的擴產計畫表示對未來訂單有較樂觀的預期

股價會上漲主要在反應的是公司在營收或獲利有較高幅度的預期成長，所以需密切注意公司的擴產計畫及進度，因公司有大規模建廠計畫通常表示可能接到大訂單或者是對未來有較樂觀的預期。

如台積電（2330）2019年資本支出由原訂110億美元上修為150億至160億美元，這表示台積電將加速布建5奈米並擴大7奈米產能，擴大市場的競爭優勢。雖然折舊費用可能會提高侵蝕獲利，但未來營收、競爭力成長空間變大。

如大立光（3008）2018年資本支出64億元，2019年增至100億元，這表示多鏡頭、3D感測、高畫素等趨勢對大立光光學鏡頭需求非常殷切，市場顯然以偏多來反應。

如欣興（3037）2018年資本支出約70億元，2019年在台灣擴充高階IC載板產能擴增至92.7億元，2020年將更達到171.8億元。2020年擴產主要目的為英特爾生產伺服器處理器CoWoS（晶片嵌在矽晶圓及載板上：Chip on Wafer on Substrate）封裝用載板，若能順利量產將潛力無窮。

如石英元件，晶技（3042）、希華（2484）2020年的資本支出都增加1倍。

如聯亞（3081）計畫2020年完成新廠建設，新廠面積將是目前廠房面積的3倍，新廠主要為因應英特爾矽光計劃需求。矽光技術的應用包含高速傳輸、感測器及自駕車應用的光學雷達及量子運算等高階應用。

矽光計劃是透過四道雷射光束傳輸，每一道光束傳輸速度12.5Gbps，四道光束加總後傳輸速度便高達50Gbps，若雷射光束的數量再增加，傳輸資料量更可達100Gbps，是傳統銅線技術傳輸的3～4倍以上，可以1秒內完成傳送一部高畫質

（HD）電影，過去需4小時處理大數據資料，現只要7分鐘就可完成。

庫藏股目的在提振市場信心

庫藏股的意義是減少在外流通股票，可以提高每股盈餘及股東報酬率（ROE）。若股市行情不好股價超跌時，公司可以適時買回股票挽回市場信心，避免股價再下跌，達到護盤的目的。

庫藏股的缺點是因公司護盤買回自家股票使公司可運用資金減少，可能耗去原本要用於購買廠房設備或其他投資計畫的資金，另外的負面想法是公司可能利用護盤來掩護大股東出貨之嫌。

蘋果（AAPL-US）與IBM（IBM-US）是實施庫藏股在股價表現最顯明的對比。蘋果本益比在2016年之前經常維持在13倍左右始終無法突破，但至2020年時本益比穩步上升至26倍以上，主因除獲利不斷大幅增加外，就是蘋果2010～2019年十年時間豪擲3,200億美元購買自家股票，庫藏股使市場對股價支撐有信心，因市場認同資金因而不斷挹注投資蘋果。

IBM卻反之股價不斷下滑，IBM獲利長期維持在每股10美元以上的高獲利股，股價理應大漲，但IBM在2011年時庫藏股金額約150億美元，之後每年逐年減少，2018年庫藏股僅剩40億美元，投資人失去信心，股價因而表現相對欠佳，公司庫藏股金額多寡代表對公司的信心態度，對股民信心影響大。

美股2017～2019年多頭行情最大的後盾，首先是2017年減稅，美股標普2017年獲利年成長10.8％、2018年年成長23.5％。除減稅使美國企業獲利強勁外，就是庫藏股、股息及併購的龐大活水挹注。美股2018年庫藏股7,979億美元、併購1兆7,400億美元、配息4,563億美元，總計近3兆美元的活泉挹注股市。美股2019年庫藏股金額約9,400億美元，較前波最高峰2007年8,096億美元還要高。2019年股息配發5,250億美元持續維持成長。

減資還是要以後續獲利預期為股價表現依歸

減資可使股本縮小，除可提高股東權益報酬率、獲利外，可提高股價拉抬活潑度。上市櫃公司公告減資件數有逐年增加的趨勢，2018年減資金額高達635億元，遠高於2017年的153億元。以減資指標股的被動元件大廠國巨（2327）為例，計5年共減資4次，股本由逾220億元大幅瘦身到目前約35億元，股價也從3元的雞蛋水餃股減資後締造股價達1,310元新猷，被稱為上市櫃的「復仇者聯盟」典範。

減資正面說法是提高股東權益報酬率（ROE），股本輕，易於拉抬。退還現金可以免稅，因此許多公司爭相採行；但反面是公司規模縮減壓抑公司的成長性及對市場競爭的應變能力將減弱。

如中華車（2204）2019年6月26日宣布減資6成，退還股東83.04億元現金，股價反彈4%。但因轉投資持股25%的東南汽車，隨著中國市場競爭加劇，2019年汽車銷售衰退約45%，2019年10月7日正式減資後股價表現平平。股價漲跌關鍵是減資後是否對獲利能力有提升而定。

如潤泰全（2915）2018年3月26日宣布配發4元現金股利及現金減資37.67億元，減資比例達4成，預計每股約退還4元予股東，股東總計每股可領回8元，但股價反應平淡。因當時法人估轉投資南山人壽IPO延宕，10月29日正式減資股價表現平平，所以股價的重點還是在獲利展望上。

如新普（6121）2017年3月29日宣布現金減資40%，同時配發現金股利6元，合計股東每股可拿10元，9月28日正式減資，股價表現非常熱絡。當時新普因電動腳踏車用電池及伺服器備援電池動能強，考量其高毛利率產品成長快速，淨利率上升，因此當時追價力道強勁。

很多上市櫃公司連年虧損，為避免淪為股票變更交易方式、或公司股票將被取消信用交易，或公司每股淨值將低於5元股票將被處以變更為全額交割等考量，所以減資來提高公司淨值。這種減資方式對投資人比較不利，通常股價多表現不佳。

上市櫃公司金融操作策略變更影響獲利大

如台灣高鐵（2633）的財務改革案使股價脫胎換骨，在2015年通過折舊年限由35年延長至70年，加上減資60%，再增資新台幣300億元，2015年獲利由2014年的每股0.55元增至7.19元。

台灣高鐵是2016年10月上市，因有會計改變利多股價上漲30%。台灣高鐵折舊年限得以被核准延長是因投資金額高達5,000億元，高於以下投資案，如台北101投資約300多億元（特許期為70年）、晶華酒店約500億元（特許期50年）、台北京站轉運站約110億元、松山菸廠文化園區約80多億元（特許期都是50年）。

台灣高鐵2018年時和政府協議後，取得鐵道運輸所獲利益免稅5年，期間從2017至2021年，2018年獲一次性迴轉所得稅回沖22.6億元，2018年那波股價大漲90%，顯見公司金融策略改變影響獲利大。

如裕隆（2201）2019年5月10日董事會通過子公司元文投資公司與翔韋投資公司吸收合併案，裕隆汽車淨利增加約25億元，EPS貢獻約1.66元，當時那一波裕隆大漲27%。但2019年9月17日傳聞新店裕隆城住宅區開發喊卡，股價3個月跌近3成。

如京元電（2449）在2019年3月14日將部分設備攤提年限由6年延長至8年，法人估可讓當年毛利率增加4至5%，每年每股淨利可增加逾0.5元，公司金融策略改變造成京元電股價大漲。

觀察併購綜效進度

併購可快速提升營收，但股價是反映併購後綜效。全球併購金額在2007年4.3兆美元創高峰之後，因金融海嘯衝擊在2009年曾掉至2.1兆美元，2015年恢復生氣達4.6兆美元再創新高。2019年併購金額約3.8兆美元，全球併購風潮依舊熱絡進行中。

思科（CSCO-US）靠不斷地合併不僅經營規模擴大，取得關鍵技術等優勢下，在2000年當時長期坐穩市值王。思科至2018年共收購高達206家公司，併購後不斷地提高ROE，2014～2018年ROE平均達18.78%，思科併購綜效佳。

國際間的併購金額都很大，如美電信商威瑞森（VZ-US）併購英電信商Vodafone（VOD）金額達1,300億美元，AT&T（T-US）以854億美元併購時代華納、拜耳（BAYN-DE）以660億美元併孟山都、高通（QCOM-US）以470億美元併購恩智浦（NXPI-US）等。

合併較成功的例子，如超微（AMD-US）購併ATI（亞鼎）、Microchip（MCHP-US）併Atmel（愛特梅爾）等，都是讓小公司轉型變得更有競爭力。

不過併購並不是萬靈丹，還是不乏很多得不償失的例子，具研究統計併購成功機率約僅25%。如明基（2352；佳世達前身）2005年併購德國西門子手機部門，一年損失達350億元。谷歌2011年以125億美元併購摩托羅拉移動裝置（手機）部門，2014年以29億美元賣給聯想，損失不貲。微軟併購諾基亞（Nokia）手機部門，加上其他行動通訊投資，等於微軟在行動通訊投入80億美元都是血本無歸。

台灣企業併購金額2018年約119億美元、2019年約80億元，規模都不大。2006年英國渣打銀行合併竹企（新竹企銀），因2006年台股大漲近20%，當時股市熱絡氛圍，因此竹企溢價金額達40%。ASML（荷蘭愛斯摩爾）因產品EUV（極紫光）機台亟須電子束技術，2016年以溢價達31%併購漢微科等。這表示當時股市氛圍及該公司產品競爭力是併購溢價高低的關鍵。

如矽力-KY（6415）於2015年1月收購恩智浦（NXPI-US）的LED驅動IC產品線，強化矽力-KY在LED照明的專利布局。2015年12月再收購美國類比IC廠Maxim（MXIM）的智慧電表部門，跨入智慧電網電力控制等市場。

矽力-KY2015年營收約47億元、2016年71億元、2017年時達85億元；2015年獲利15.66元、2016年約18.7元、2017年達21.2元，矽力-KY股價2015年漲30%、2016年漲33%、2017年漲49%，併購綜效彰顯。

如譜瑞-KY（4966）於2015年收購美國IC廠Cypress（CY）的觸控與部分矽智財IP產品線。2015年營收71億元、2016年增至91億元、2017年達103億元；2015年獲利15.3元、2016年18元、2017年25.5元，譜瑞-KY併購綜效佳，股價2016年漲44％、2017年漲85％。

譜瑞-KY產品線如時序控制晶片（eDP-Tcon）、高速傳輸介面晶片、PCIe（匯流排傳輸）4.0進階版、定時控制器（Retimer）等產品，高階電子產品對影像解析度要求提高及影音資料容量提升，潛在需求龐大。

如達運（6120）於2010年9月時併購奈普（6255；已下市）。2011年營收207億元、2012年198億元、2013年169億元；2011年獲利0.71元、2012年0.22元、2013年為負1.89元。達運併購奈普時綜效並未彰顯，2011年股價跌44％、2012年跌5％、2013年跌5％。

達運2014年再啟動併購合併景智（5218；已下市），合併後2015年股名由輔祥改名為達運，合併後達運產品線完整為一條龍背光模組（輔祥中小尺寸+景智大尺寸）廠商，涵蓋大、中、小尺寸背光模組。

合併景智後2014年營收由169億元增至438億元，獲利上升至2.41元，2011年股價漲29％，看似併購綜效彰顯。但好景不常，2015年虧損0.57元，股價跌30％，顯見背光模組產業經營日漸艱困。

達運知道背光模組經營艱困，所以磨劍10年來研發製作AMOLED過程中的精細金屬遮罩板（FMM）技術，FMM技術可很精密地開孔將發光有機材料蒸鍍到基板上，若FMM能開孔越小則像素越高，愈能獲得較佳色彩飽和度。FMM比銅箔還薄，需打2,000萬孔，FMM市場估2017至2022年年複合增長率可達38％，達運在等待FMM的效益發酵點。

如紡織業在1970～1980年代是台灣產業重心，早期中興紡織（1408；已下市）經營規模比遠東新（1402）大，中紡品牌三槍牌宜而爽賣得比遠東新品牌BVD好，但中紡併購景美染整後營運一落千丈，最後把三槍牌宜而爽品牌賣給遠東新，是併購得不償失的典型例子。

由公司的配息政策了解經營者企圖

投資人選股時很留意公司的配息政策。這代表公司對未來獲利的企圖心，公司配息高表示公司對未來獲利有信心，有信心未來一年再賺回來；若配息率低會讓投資人感受公司似乎對未來再獲利信心不夠，當然公司保留現金可能是為營運資金或併購計畫做準備，不過投資人仍很注重現金殖利率高低。

全球股息在2019年約1.43兆美元，配息率不斷拉高是美股上漲的主要動能之一。台股現金股息配息率在2009至2013年約47%之後逐年拉高，現金配息率在2016年約68%、2017年約59%、2018年約64%、2019年估約60～68%，因此配息率80%以上的公司算是很有誠意。

配息率過低會壓抑股價：

如宏盛（2534）在2019年4月25宣布不配股息，次日股價跌停，之後股價表現不佳；如國喬（1312）在同日宣布不配股息，次日股價大跌，之後股價表現也不佳；如大江（8436）在2019年2月20日宣布配息僅40%，現金殖利率僅1.4%，宣布後股價走跌；如精測（6510）2019年4月24日宣布配息率約45.8%，現金殖利率僅1.7%，宣布後股價走跌；如中鋼（2002）過去配息率高多為80%左右，2019年降至僅63%，投資人漸漸失去往日參加中鋼除息熱潮。

配息率高有助漲股價效果：

如華固（2548）2019月3月22日宣布配息率高達160.2%，宣佈後股價一路走高。如鈊象（3293）2019年3月底宣布每股配息88%，股價一路上漲。如豐泰（9910）2019年配發7.7元，配息率近100%，比往常5元水準高，創配發股利新高，之後股價一路上漲。

配息率高族群若能配合產業前景看好更為理想：

如台泥（1101）2019月3月22日宣布配息3.3 元，配發率達100%，市場反應佳。台泥2018年獲利年成長1.8倍，2019年雖基期墊高但獲利仍估有1成的增幅，台泥8月13日除息，除息後股價一路走高，五個月後完成填息。

雖高現金配息股，但獲利前景看淡，則除息效果欠佳：

如國巨（2327）2019年現金殖利率達12%，但股價還是不振。因當時氛圍是外資估國巨每股獲利由2018年81元降至2019年18元，所以雖現金殖利率高，但獲利明顯衰退的標的投資風險大。

高現金殖利率股不是股價保証：

2019年推算過去十年平均現金殖利率較高如互盛電（2433）現金殖利率7.9%、茂訊（3213）約6.66%、崇越電（3388）約6.61%、幸康（3332）約6.41%等股，多因產業展望平平或成交量太少，股價表現平平。

業外比重高低對評價影響

選股以獲利為首選，但獲利太靠業外，市場認不易掌握，因此評價時通常較保守。雖然很多公司獲利都很高，但本益比老是都不高。如鴻海（2317）2019年獲利估約8.8元，但本益比經常在11倍以下。如上緯投控（3708）2019年估獲利約10元，本益比經常在8倍左右。如康舒（6282）2019年估獲利約3.2元，本益比經常在約8倍左右。

若是培養的子公司成小金雞，則母公司股價反映佳：

如矽創（8016）栽培出昇佳（6732）、嘉澤（3533）栽培出嘉基（6715）、臻鼎-KY（4958）栽培出鵬鼎（002938-SZ）、聯發科（2454）栽培出匯頂（603160-SH）等，小金雞對母公司灌入不少獲利，母公司股價受惠股價有表現。

雖子公司有成績，但母公司營益率猶待提升：

如鴻海中國有153家子公司帳面價值達8,890億元，多年來獲利多靠夏普

（6753-JP）、工業富聯（601138-SH）等子公司入帳或出售子公司股票來美化財報，但母公司績效尚未彰顯，毛利率偏低，因此2019年時本益比沒被拉高。

本益比低主因是獲利太依靠業外入帳：

若是靠出售資產或出售轉投資股票，法人認為只是公司資產位移而已，從左口袋換到右口袋而已，當年獲利增加但資產減少，對公司整體資產價值增加助益不大。

如康舒法人估2019年獲利3.4元、2020年3.26元，看似本益比經常性偏低。但若扣除業外東莞廠租回利益約10 億以上，這樣每股獲利可能剩約1.3元，那本益比就高達近20倍，營益率2019年2.45%，2018年0.13%，因此股價表現遠不如帳面獲利數字亮麗。

業外入帳時間點不確定：

如大宇資（6111）2018年4月與中國大陸中手遊集團簽約，由中國手遊以人民幣2.13億元取得大宇資子公司北京軟星約51%的股權，法人估大宇資可獲利30元，但2018年、2019年都未入帳，業外入帳時間點不確定，影響股價表現。

如上緯投控2018年每股獲利11.22元，法人樂觀估2019年15元、2020年估約13元。但因其高獲利主要是賣業外資產如處分海能風電等，若扣除業外2018年本業約僅1.75元，2019年約僅3.11元，實際本業獲利不如表面財報漂亮。

但業外考量變數太多，上緯投控會因沒有資金需求壓力想保留較多股權，因此決定降低出售股數，2019年獲利估就從15元降至7.8元。由於業外入帳時間點不確定，加上若真的出售完畢後，後續公司的獲利動能何在，都是本益比偏低的原因。

第八章

股價的估算及進出場時機

長期操作以本益比為主，股價淨值比為輔

通常個股評價通常以本益比（PE）為主，因狀況特殊也有用股價淨值比（PB）及淨現金法（NPV：Net Present Value）來評價，淨現值法是一項投資所產生的未來現金流的折現值與項目投資成本之間的差值，如生技股國際間都以NPV來評價。營建股因完工入帳關係獲利不穩定因此多以PB評價。股本太大籌碼太多不易拉抬，通常PE評價較低。小型成長股因股本小易於拉抬加上本夢比題材想像空間大，通常PE評價較高，尤其矽智財（IP Intellectual Property）在國外PE評價常高達50倍之高。小型成長股法人多用次年預估較高獲利數值來做PE評價。

股票操作常參考長期的本益比區間做為長線進場、出場參考

以台積電（2330）為例，2018～2019年期間股價維持在PE的15～18倍之間，也就是長線操作理想的買進點應在15.5倍以下，17.5倍以上應是較佳獲利出場點。

但2019年9月半導體異質整合概念一出，半導體估10年間產值可從4,291億美元增至1兆美元，大摩估台積電2021年獲利20.48元，這表示台積電兩年內獲利可成長5成，長期獲利展望被大幅提高，因此台積電的長期本益比區間被上移至約15至20倍。

（1）股本大（如100億元以上）個股探討：

股本大但毛利率不高個股：如鴻海（2317）2019年毛利率約6.29％、英業達（2356）約4.5％、仁寶（2324）約3.5％…等股；

因股本太大籌碼太多太亂因此不易拉抬，本益比通常較低。如鴻海長期PE區間處在約8～11倍間、英業達約13～15倍、仁寶約10～13倍，因此

圖8-1：台積電2018～2019年股價維持在PE 15～18倍間

PER

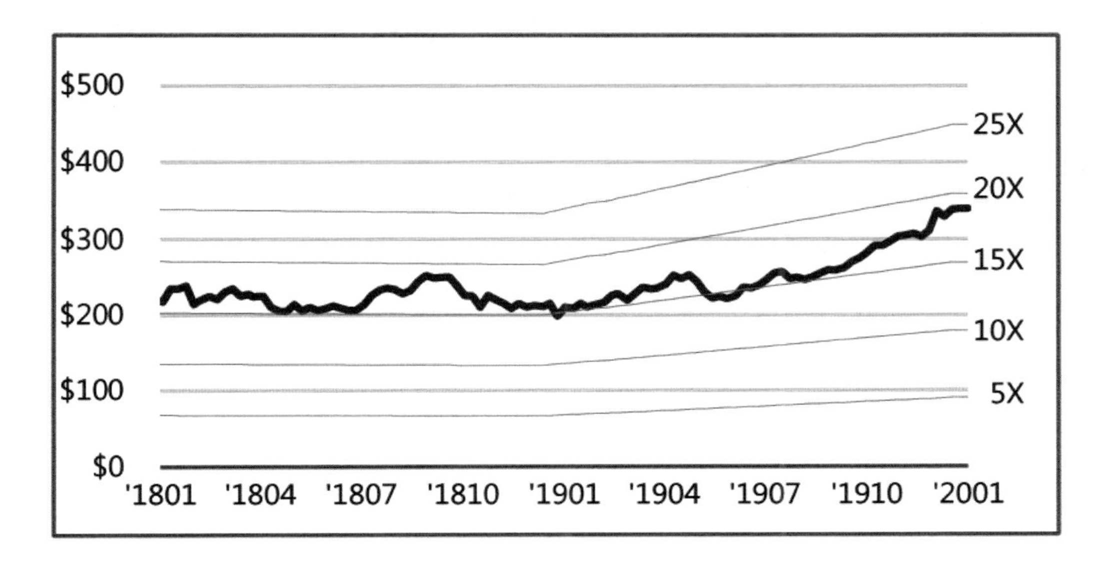

這類型大型股通常本益比在9～14倍間，長期操作區間以此做為進場、出場參考。

以鴻海為例，鴻海始終一直受鎂光燈注目，除郭董魅力外就是股東人數多，股東人數達81.7萬人以上，僅次於中鋼（2002）98.9萬人，遠遠高於開發金（2883）54.1萬人、聯電（2303）51.2萬人，鴻海營收佔台灣GDP約26.7%，鴻海佔加權指數權重約3.6%，鴻海的中國收益佔總中國收益約30%，但股價長期以來卻常叫好不叫座。

鴻海要提高本益比需在下面方向有突破：

毛利率提升逐步達公司目標10%以上，脫離低毛利代工形象：需提升AI、半導體、5G等核心技術，並投入電動車、數位醫療、機器人等高複合增長率產業，帶動轉型升級。

整合子公司資源產生經營綜效：如中國有153家子公司及關係企業共達

840家。自由現金流量需轉正。

股本大但體質尚佳的個股：如聯發科（2454）約41％、台達電（2308）約27％、旺宏（2337）約32％、華通（2313）約15％、欣興（3037）約17％、南亞科（2408）約32％…等股；

台達電長期本益比區間約在15～18倍間、南亞科約在13～20倍間、旺宏約在15～19倍間、華通約在12～18倍間、欣興約在12～16倍間、因此長期操作可按照個股特性做進出參考。

聯發科獲利高低差距大，獲利高時可達34元，低時僅13元，所以本益比區間較廣，以次年較高獲利換算約在10～21倍間。

（2）股本中大（如40～100億元間）個股探討：

獲利能力穩定且體質較佳個股如聯詠（3034）、瑞昱（2379）、研華（2395）、智邦（2345）等；

聯詠2019年毛利率約31％、瑞昱約44％、研華39％、智邦5G網通設備被看好，因此獲利穩定性高股性較不投機，長期本益比區間約在12～18倍間。

研華因工業4.0是長期商機，加上競爭技術強，估比全螢幕、真藍牙耳機等更具長遠性商機題材，長期本益比區間約在22～30倍間。

獲利能力穩定但利潤率稍低個股如力成（6239）、臻鼎-KY（4958）、微星（2377）等；

力成2019年毛利率約20％、臻鼎-KY約22％、微星約17％，相對起來較低，這些獲利穩定但股性溫和的個股，長期本益比區間約在11～16倍間。

有些個股因有次世代明星光環如砷化鎵、碳化矽、IGBT等，本益比就較高，如穩懋（3105）長期本益比在14～22倍間，長線獲利空間常被市場放大。有些個股波動度大但想像空間大、股性活潑，如被動元件國巨（2327）等長期本益比區間約在20～28倍間。有些個股獲利波動度很大但本夢比想像空間不大，如環球晶（6488）等長期本益比區間約在12～15倍間。

（3）股本中小（約11～40億元間）個股探討：

獲利能力穩定體質較佳個股：如大立光（3008）等2019年毛利率高達70%，長期本益比在16～25倍間，反映獲利穩定但股性股實不投機特性。

獲利能力高但獲利波動度大個股如玉晶光（3406）、原相（3227）等，玉晶光2019年毛利率42%、原相58%都很好，但因長線上獲利不穩定，因此長期本益比約在13～18倍間。

展望性較佳通常給較高本益比，如銅箔基板聯茂（6213）2019年產能增加30萬張、2020年再增30萬張，等於兩年增加60萬張產能，如台燿（6274）高盛估兩年獲利成長90%，長期本益比較高約在11～16倍間，就是看好5G、資料中心的長期需求。

獲利能力不錯但存在有殺價壓力通常給較低本益比，如新日興（3376）、美律（2439）等，雖然真藍牙耳機產業佳，但產品屬性屬競爭壓力大易殺價特性，長期本益比約僅在10～15倍間。

（4）股本小（10億元以下）個股探討：

股本小營益率高個股通常都是高價股常客：

如矽力-KY（6415）2019年毛利率約47%、祥碩（5269）約50.7%、信驊（5274）約65%、精測（6510）約54%等，都屬股本小但獲利率高個股，長期本益比約在25～45倍間，在股市最熱絡最夯時這類股票本益比常衝至40倍以上。類似這類潛力股如嘉澤（3533）、雍智（6683）、世芯-KY（3661）、璟德（3152）、鈊象（3293）、譜瑞-KY（4966）、M31（6643）、昇佳（6732）、中揚光（6668）等個股也具潛力。

股本較小但產業特性產品售價波動大，如散熱模組PE約在9至16倍間。

（5）矽智財IP股國際評價PE高：

美股矽智財（IP）股益華電子（CDNS）2020年本益比高達近50倍，全球IP龍頭股安謀（ARM）在2016年時被軟銀收購時溢價竟高達43%，在國際間普遍對IP股PE評價高。台股以力旺（3529）為例，在2015年時外資巴克萊銀行BCS（英國第二大銀行）曾高喊力旺目標價750元，以當時獲利換算PE評價竟高達50倍本益比。IP股享有高本益比主因具備為數可觀的矽智財資產，可坐收長期穩定的權利金收益。

矽智財的概念源於產品設計的專利證書和原始碼的版權等智慧財產權，功能在提供半導體IC設計應用在晶片內部電路架構設計，IC設計師常需用矽智財為基礎來進行設計，可以縮短設計所需的周期。矽智財屬於腦力密集產業，其進入門檻高，因此矽智財公司都有較高毛利率，這也是可享有高本益比評價的主因。

矽智財廠商通常是賣半導體矽智財，如半導體核心處理器、微控制器、記憶體晶片、數位訊號、無線射頻通訊等知識多樣化矽智財，矽智財股先收前期的授權費用，在產品銷售後再收一定比例的權利金。由於矽智財屬半導體上游，因此隨著下游終端電子裝置應用的市場規模將逐步擴大，都將刺激更多新晶圓製程及新IC技術規格需求，權利金將愈收愈多、愈收愈廣。

雖然矽智財廠商毛利率高，但營益率不一定高，主因行銷、研發費用過高。如安謀（ARM）研發費用由2016年約4.13億美元，大幅提升至2018年的7.5億美元，矽智財廠商需投入龐大的研發費用。因此矽智財股營益率就明顯下降，如2019年時晶心科（6533）營益率約0.3%、智原（3035）約6.72%。不過矽智財股PE還是估很高，以力旺為例，長期本益比多約在30～43倍間。

（6）金融股、電子通路股評價較低：

有些產業PE評價低是因有提一次性損失風險：如金融股、通路股、太陽能等產業。如金融股較怕被倒帳，也就是賺白菜利潤，卻要扛賣白粉風險。如通路股，若產品市場反應不佳，會有提列一次性庫存損失風險。如太陽能產業，國外產品跌價會有存貨提列跌價損失風險等。

金融股總資產價值高多以PB評價，以富邦金（2881）為例，約在PB0.9至1.1倍間。通路股以大聯大（3702）為例，約在PB0.9至1.2倍間。 太陽能股以聯合再生（3576）為例，約在PB的0.8至1倍間。

產業特性也影響PB評價，以水泥股為例，產業狀況尚佳但環保及多角化經營績效平平，台泥（1101）評價約在PB1至1.5倍間。以食品股為例，如統一（1216）因在食品產業占絕大優勢獲利穩定，加上多角化績效有成（如投資統一超2912），評價較高約在PB2.3至2.6倍間。以塑化股為例，如台塑（1301）因產業競爭優勢也已形成，但產業波動度太大，評價較低約在PB1.5至2.1倍間。

（7）生技股用淨現值法（NPV）來評價會誇大價值

國外新藥股評價多用淨現值法（NPV）來評價，如美NBI（NASDAQ Biotechnology Index）生技指數成分股SRPT（Sarepta），在2013年時獲利約負4.92美元，但因用淨現值法（NPV）評價當時市值竟高達11.2億美元。

國內生技股在2014、2015年掀起生技狂潮，就是當時引用國外用淨現值法（NPV）來評價新藥股合理價值時都非常高，如浩鼎（4174）約514元、中裕（4147）約230元、基亞（3176）約113元、智擎（4162）約212.5元、生華科（6492）約93.9元、杏國（4192）約118元等，當時生技股高NPV評價風潮造成浩鼎在2015年12月大漲至755元。

NPV是將投資的未來現金流量，全部折現成投資始日的價值。NPV估算出該公司各項藥物在未來5年、10年後的獲利，扣除支出、借款成本、衡量成功機率，然後以該公司的狀況使用某折算率倒算到某年的現有價值。NPV折算率有很多盲點，如折現率是每年折算，也就是級數式打折，那打下來的幅度可就非常可觀了。重點是折現率是要用10%或5%或2%，哪一個才合理呢？這牽涉到評價者的主觀意識。

評價者還要考量藥物開發成功機率、藥物本身的療效和安全性、全球競爭者家數、競爭者的競爭力、是否被列入突破性療法、 FDA對此藥態度等因素，都必須列入考量。

評價另很大的權數是衡量團隊執行力，團隊是否有國際藥物開發經驗？執行領導者的營運策略？技術長的技術經驗開發的藥物的能力？財務長對資金籌資規劃能力？都是折現率高低的考量因素。藥物開發愈早期開發其風險愈高，折現值也愈大，老藥新劑型或改良型風險相對低，折現值會不一樣。

新藥從研發到上市平均花費估需達25年，新藥在1至2期成功機率約76%、2至3期機率約39%、3期以上成功獲得上市申請約機率68%、再到正式核准機率約86%，這樣算起來整個流程成功機率約17.3%。新藥申請愈到後期花費費用愈兇，第三期佔總成本約高達60%。即使最簡單的小分子藥物從專利到確立也需12.8年，成功機率也僅10%。

生技股中尤其新藥股是燒錢產業，多呈現虧錢，在2015年時用NPV估算的價值，事實上至2020年也尚未實現當時預期獲利，因此生技股需建立合理且令人信服的評價方法，才能凝聚集投資人對新藥股評價信心。新的評價多採用保守方式，以中裕2019年股價區間為例，NPV折現算法從低折現後約150元左右，股價區間約在NPV的0.85～1倍間，已未像2015年不僅折現後超高NPV，且當時股價都在NPV的1.5倍以上的誇大情況。

（九）資產、營建股以PB（股價淨值比）評價為主

因完工集中入帳關係，獲利不穩定，及土地資產價值特性，營建、資產通常仍以PB來評價。資產、營建的價值在土地及房屋上，核心價值在資產開發增值。台股資產股在2019年資產價值估遠東新（1402）約1,200億元、台肥（1722）約400億元、新紡（1419）約300億元、南港（2101）約400億元、南紡（1440）約300億元、士紙（1903）約400億元、裕隆（2201）新店廠約200億元、龍巖（5530）約200億元等資產價值都非常高。若以每股資產價值來算宏和（1446）喊至21元等很高。

雖然資產、營建股資產價值不貲，但股價表現遠不如電子股活潑。主因是資產營建股在少子化環境，估計住屋需求降低，加上早期曾有農林、台鳳、工礦、順大裕等資產股炒作事件陰影籠罩。房地產崩跌陰影還是如影隨形，如以國建（2501）為例，在1990年之前獲利都在高達10元以上，股價曾漲至122元，但至2001年房地產崩跌時，最績優的營建股如國建股價跌至6.15元、太子建設（2511）跌至2.08元、國產（2504）跌至2.25元。

儘管新興營建股陸續崛起，獲利狀況都很好，但市場對資產營建股評價還是相對保守，有大型開發案活潑度較高個股如興富發（2542）PB長期約在1.6～1.9倍間，有開發可望大獲利題材的南港PB約在1.9～4.5倍間。典型績優營建股如華固（2548）PB約在1～1.6倍，長虹建設（5534）PB約在1.5～1.6倍間。

投資可用健康觀念來悟出一些準則來做參考。

（1）不是不要吃甜食就好，重點在避免升糖指數（GI）值高的食物，避免血糖波動度大：這代表選股時投資標的的獲利穩定度很重要。

早期觀念是儘量不吃含糖高的飲料或食物就沒事，後來才知道血糖波動度太大才是最嚴重。如升糖指數高的食物如白米84、法國麵包93、洋芋片85等，雖然不一定甜的食物，但會造成血糖大幅波動。如升糖指數較低的食物如冬粉35、水餃44、高麗菜26、蘋果38等，對穩定血糖較有幫助。

這告訴我們選股不要選擇獲利太不穩定個股，如同致（3552）2016年14.12元，2017年驟降至3.7元；嘗邦（3693）2015年獲利8.8元，2016年降至3.44元等。

（2）不是激烈運動才叫運動，要規律且頻率高的運動：意指選股講求獲利複合成長率高個股，不是只該年佳其他年都差。

一周只有周日去爬山運動，一爬雖爬大半天爬得汗流浹背，理應心跳、卡路里消耗都很大，運動效果佳才對，但其實不然，這反而更會使膝蓋受傷嚴重。

若是一周規律運動，至少三天以上，每次約一小時的經常性規律運動，估計效果更佳。也就是股票要投資獲利複合成長率穩定公司，如小摩估祥碩2019年約16.4元、2020年估26.69元、2021年估39.46元，獲利複合成長率高的個股。

（3）少喝果汁，多吃水果：投資個股最好獲利以本業為主。

喝果汁方便又迅速，但不僅喪失吃高纖維機會且會吃更多水果，糖分也會加高。

這意指選股不要以業外為主公司，如出售土地資產或轉投資入賬等。選股還是以本業的獲利能力及股東權益報酬率來衡量經營績效佳的標的為主。

（4）感冒不要吃人蔘：選擇對的時間做對的事情。

要有敏感的嗅覺正確抓住流行標的，不要夏天要吃橘子，冬天要吃芒果，選股要選流行標的順風推倒牆，否則賺了指數賠了差價。

（5）短線進場、出場時機先以量價逆時鐘曲線為參考準則：

圖8-2：量價逆時鐘曲線

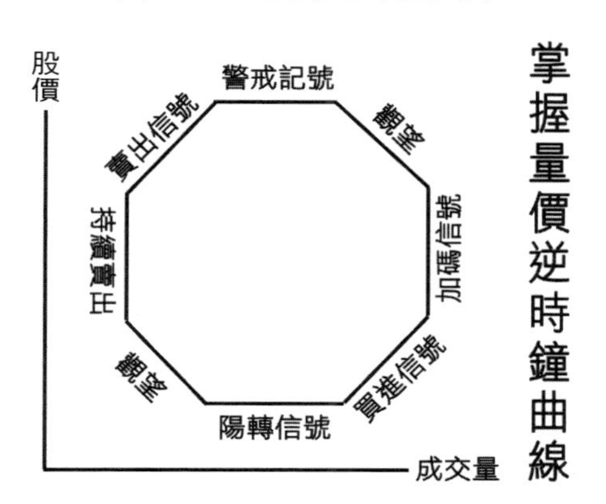

陽轉信號：量能逐步遞增放大，如成交量已放大至1,000億元以上，投資人已敢於低檔承接，雖然此時股價尚未明顯挺升，但低檔已有承接性買盤，架構上為價穩量增格局，可開始試探性來承接買股。

買進信號：價漲量增，如成交量放大至1,400億元以上，代表人氣愈來愈活絡，追價意願愈來愈強，且絕對價位還是在相對低檔是最佳買進時機，或許持股可拉升至5成以上。

加碼買進：雖然成交量再遞增減緩，但量能已夠大，如成交量無法再突破2,000億元以上量能，雖然可能維持在1,700～2,000億元間，但量能已夠活絡，換手相當積極。重點是股價仍是多頭上升格局，應是持續買進點，或許持股可拉升至8～9成以上。

觀望：當成交量開始明顯退潮萎縮，但仍屬熱絡水準如1,400～1,700億元，這時股價仍時有佳作，每每有再觸及高點機會，所以不一定要出場可先觀望，因多方隨時有補量反攻機會。

警戒記號：當成交量明顯退潮太嚴重，如降至1,200～1,400億元，雖然股價沒跌但也一直留上影線無法再創高時，應該是先減低持股時機，也許降至7～8成左右。

賣出信號：當成交量降至1,200億元以下，而股價也易跌難漲時，持續需嚴設停損點，將持股降3～4成左右，一定要嚴控風險。

持續賣出：當成交量依然低迷人氣嚴重不足時，此時股價還是空方格局易跌難漲時，持股應持續降低約1成以下，需耐心等待量增的陽轉訊號。

觀望：雖然量縮現象已獲改善，但承接買盤每買必套，顯見籌碼尚未獲有效歸宿，市場信心尚不足，先觀望等待時機。

短線進場時機探討

（1）有量才有價：有量代表人氣熱絡，換手積極、底部愈墊愈高

以奇力新（2456）為例，奇力新在2019年12月前周均量僅在5千張左右，2019年12月至2020年1月時周均量增至2萬張，因交投轉趨於熱絡、籌碼獲得有效換手、股價愈墊愈高，有量才有價才是短線可進場條件。

（2）價漲量增、價跌量縮：代表價漲時有信心追價搶買，價跌時持股信心強不願殺出

圖8-3：奇力新（2456）

資料來源：精誠資訊

圖8-4：精材是價漲量增、價跌量縮配合的案例

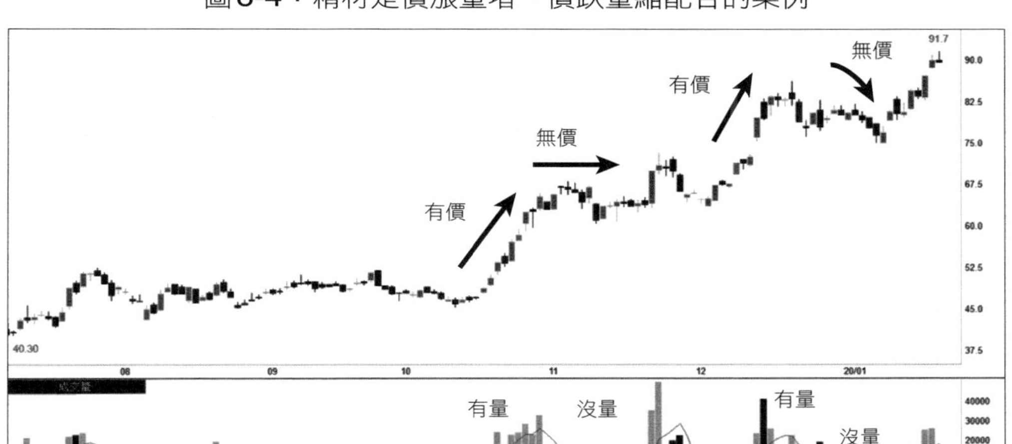

資料來源：精誠資訊

以精材（3374）為例，在2019年9月5日至10月17日盤整時周均量約3千張，為價穩量縮。10月18日至10月30日上漲段時周均量約1.4萬張，為價漲量增。在12月2日至11日盤整時周均量約7千張，為價跌量縮。12月12日至19日上漲段時周均量約1.7萬張，為價漲量增。精材是典型價漲量增、價跌量縮量價配合佳之案例。

（3）有量有效突破：表示不耐籌碼大部分都已賣出，籌碼獲得充分換手

以聯鈞（3450）為例，聯鈞在2019年12月19日前周均量約5百張左右，12月30日以2萬張巨量突破長期盤整期，一根長紅解千愁，之後周均量穩步攀升至1萬張人氣熱絡，股價持續有表現。

雖然有量突破後進行大波段行情機率高，但若量能迅速萎縮，則估僅是假突破，重點是突破後，後續量能不能萎縮。

以美律（2439）為例，2019年12月17日前周均量約5千張，12月17日以1.9萬張帶量長紅突破長期盤局，一根長紅解千愁，但之後周均量迅速縮至4千張以下，人氣退潮股價因而進入盤跌段。

圖8-5：聯鈞突破長期盤整，一根長紅解千愁，股價持續有表現

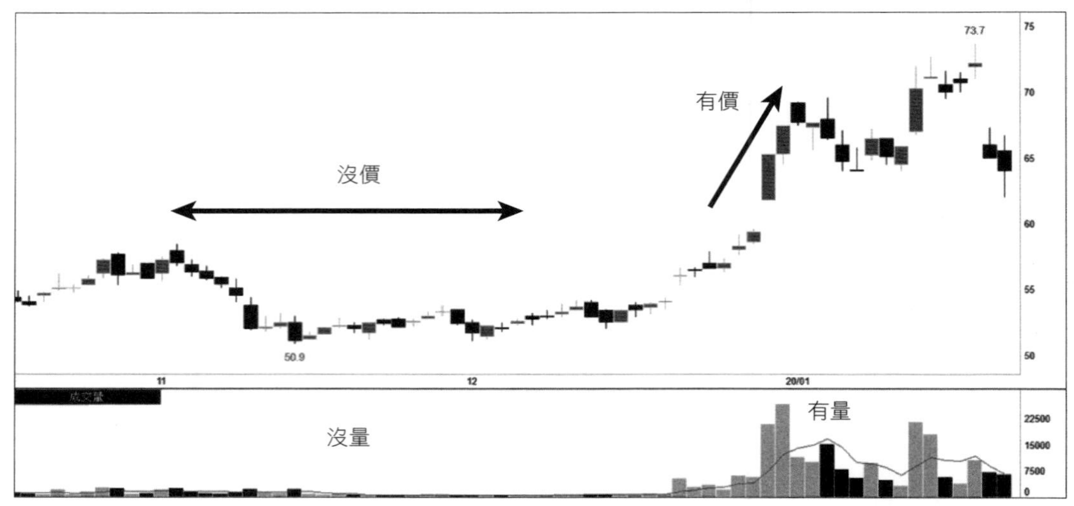

資料來源：精誠資訊

圖8-6：美律（2439）人氣退潮，股價進入盤跌

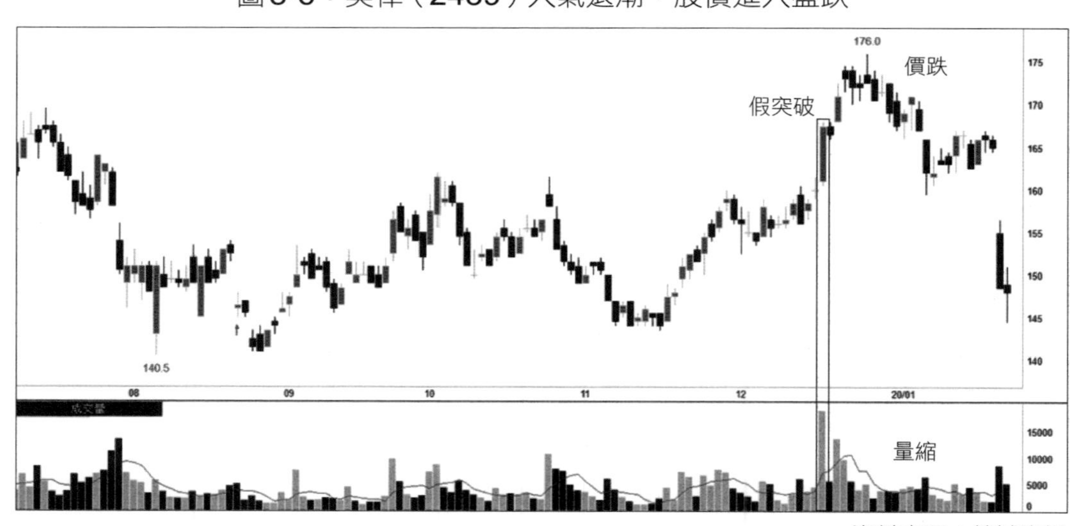

資料來源：精誠資訊

（4）無量有效突破：理論上有量突破應該效果較佳，雖過去實證沒量突破效果反而較佳，其涵意是代表長期籌碼穩定。

以玉晶光（3406）為例，玉晶光在2019年12月13日突破盤局時成交量約8千張，遠低於前波10月2日的長紅2.63萬張，理論上突破量能不足，但筆者長期觀察量爆太大其實不好，因代表籌碼持股信心不足及主力花太多子彈拉升氣力放盡，反而後續拉升實力不足。重點是在後續續漲動能就是後續是否有波段草叢量？就是後續必須要有量能。如玉晶光周均量由5千張增至1萬張，也就是後續有量能，代表人氣熱絡換手積極才能使股價愈墊愈高。

再以牧德（3563）為例，在2019年12月16日突破盤局時成交量約2,350張，低於前波高量2,740張，理論上突破量能不足，但後續出現波段草叢量，周均量由3百張增至1千張，因此後續持續熱絡拉升。所以突破後漲勢的延續性在後續是否有波段草叢量而定。

（5）�字線：下影線夠長，隔日再出現紅K，這代表多方反抗力道增強，且能主導全局，較可確認趨勢由空轉多。

以同欣電（6271）為例，在2019年11月12日出現拉升4.5元的下影線，至少空方劣勢得以扭轉，11月13日由低檔拉出7元的長紅，雖然不一定就是轉為大漲格局，但很明顯下跌空頭劣勢得以獲得扭轉。

（6）懷抱線：長紅紅K扭轉空頭趨勢，再用一根長紅包確立漲勢，兩根長紅形成多方懷抱線

以祥碩（5269）為例，在2020年1月8日出現拉升32元的長紅K線，9日再拉出23元的長紅K線，兩根長紅確立多方趨勢，再配合周均量由5百張增至1千張波段草叢量，股價漲勢亮麗。

圖8-7：玉晶光（3406）籌碼信心不足，拉升實力不夠

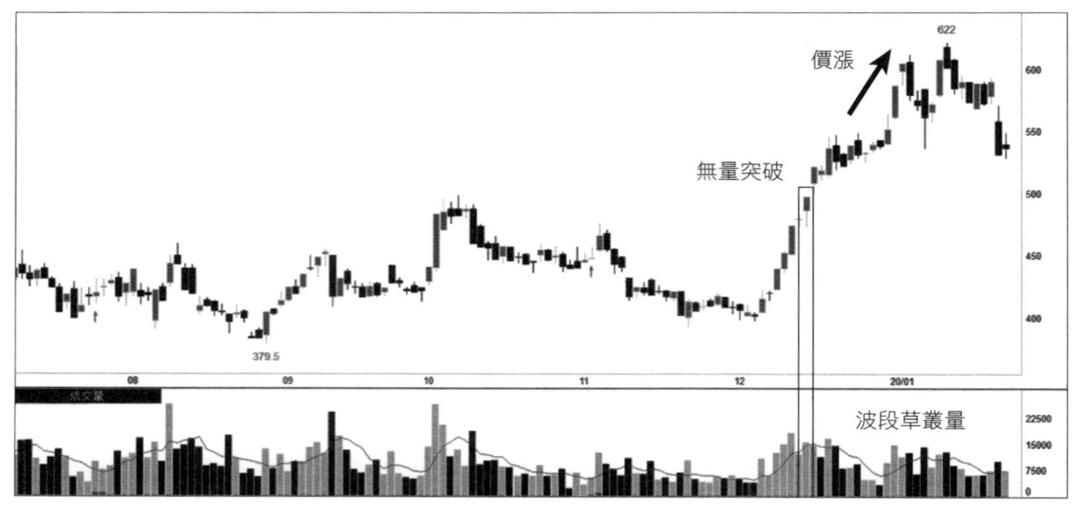

資料來源：精誠資訊

圖8-8：牧德（3563）突破盤局，延續熱絡拉升

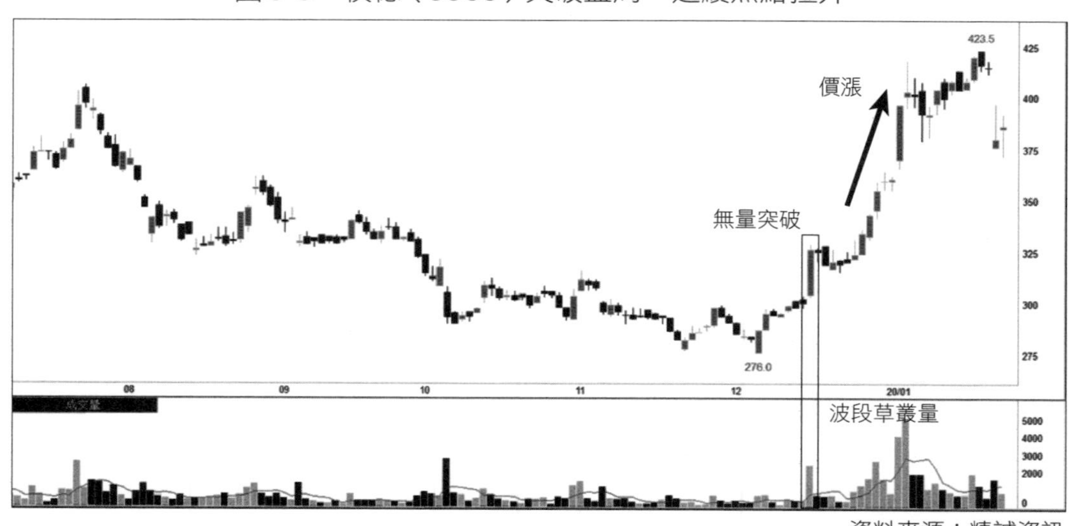

資料來源：精誠資訊

圖8-9：同欣電（6271）下跌空頭劣勢得以扭轉

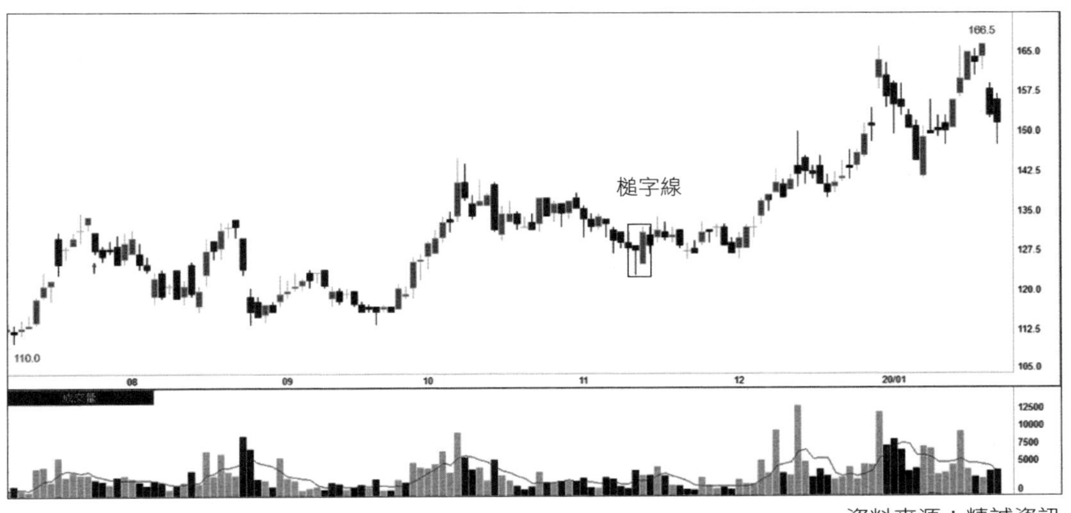

資料來源：精誠資訊

圖8-10：祥碩（5269）長紅確立多方趨勢

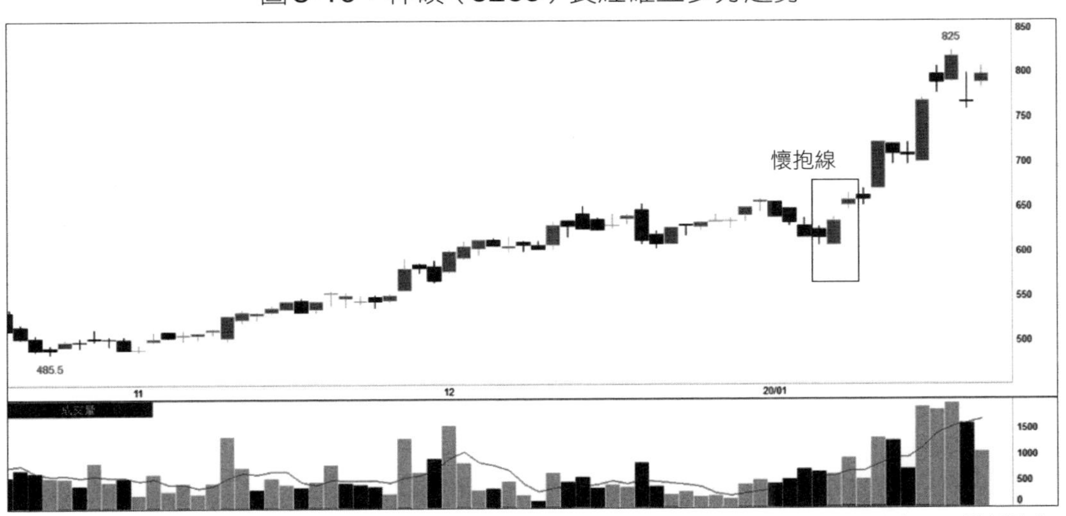

資料來源：精誠資訊

短線出場時機探討

（1）無量無價：代表沒人氣交投冷淡，推升股價動能不足

以矽創（8016）為例，矽創在2019年11月前周均量約4千張左右，股價交投熱絡較有表現，11月之後周均量逐步降至1,500張，人氣退潮股價進入盤軟段。

再以冠德（2520）為例，在2019年8月上漲段時周均量約1萬張，之後9月周均量逐步降至2,500張以下，人氣明顯退潮股價進入盤軟段。

（2）量價背離：漲時量縮追價力道不足，跌時量增信心不足恐慌殺出

以大江（8436）為例，在2019年12月6日上漲時成交量約不到1千張，12月13日下跌時增至3,436張。在2020年1月2日上漲時成交量約1千張，1月16日下跌時增至2,610張。明顯漲時無量、跌時有量之量價背離格局。

圖8-11：矽創（8016）人氣退潮股價進入盤軟段

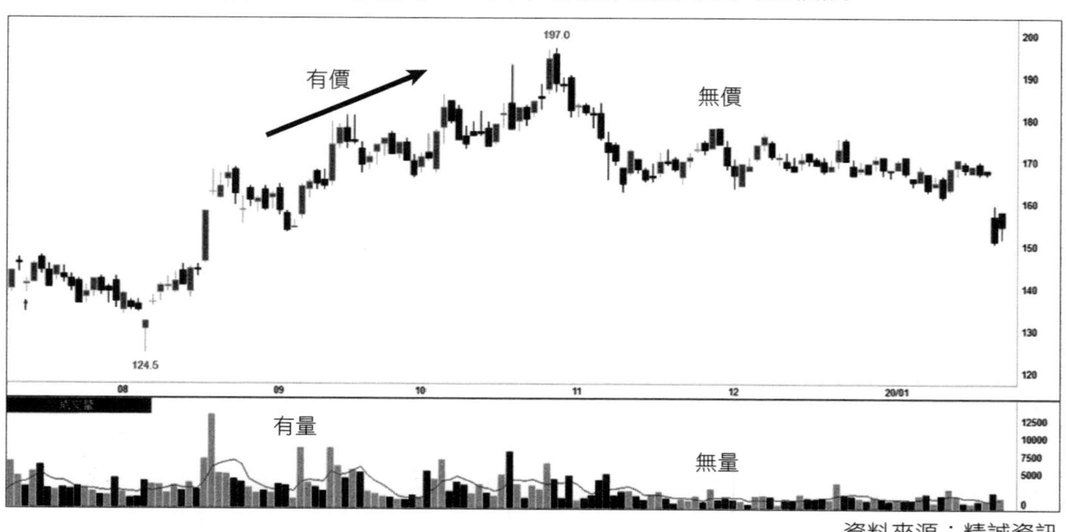

資料來源：精誠資訊

圖 8-12：冠德（2520）

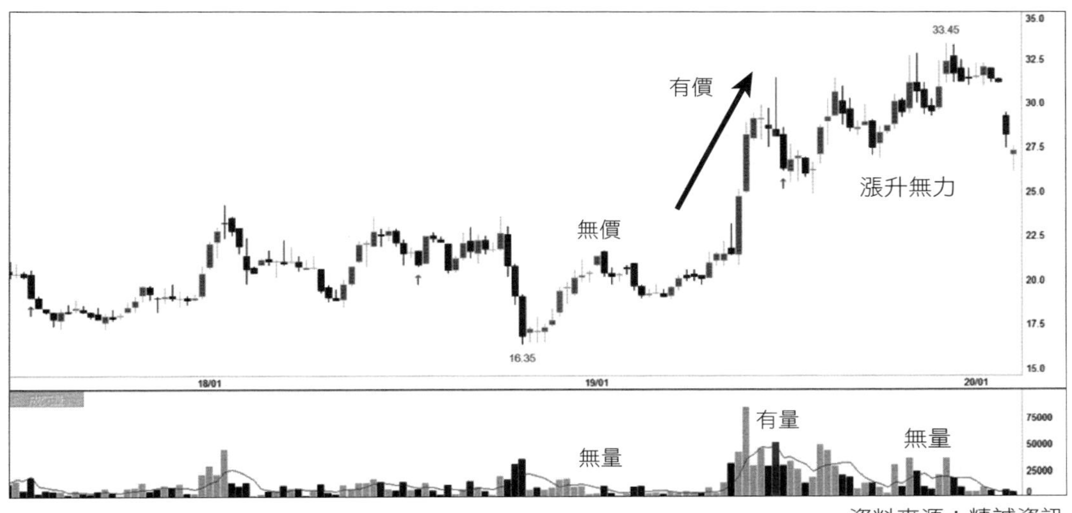

資料來源：精誠資訊

圖 8-13：大江（8436）

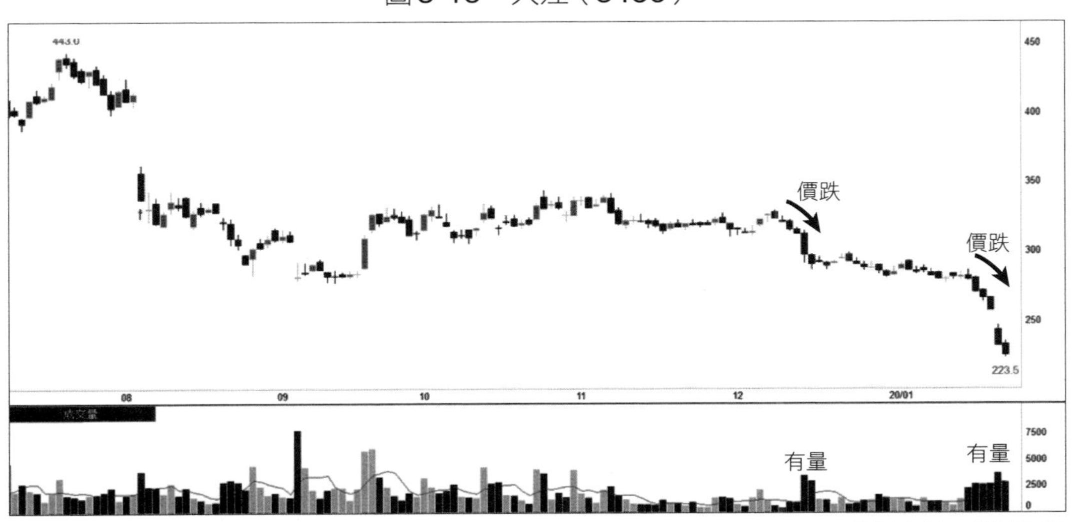

資料來源：精誠資訊

（3）雷公針式大量股價收低模式：代表進場買進者都是大套牢

以晶彩科（3535）為例，在2019年12月13日出現量暴增至1.97萬張股價收最低的雷公針式大套牢模式，當時周均量約5千張，當天買進者全部套牢，之後成交量縮至2千張以下，人氣退潮股價走軟。

再以達運（6120）為例，在2019年10月4日出現量暴增至7,273張股價收低的雷公針式大套牢模式，之後成交量縮至1千張以下，人氣退潮股價下跌。

（4）逆襲線可能觸頂訊號：股價上漲一段時間後，出現長紅K，但兩根或數根小黑K蠶食多方原先優勢。

以京元電（2449）為例，在2019年11月12日出現大漲7％且成交量暴增至4萬張的量價齊揚長紅格局，看似前景大好，但緊接地3根小黑K線侵蝕大長紅，空方蠶食多方優勢，終因後續量能不足而下跌。

圖8-14：晶彩科（3535）

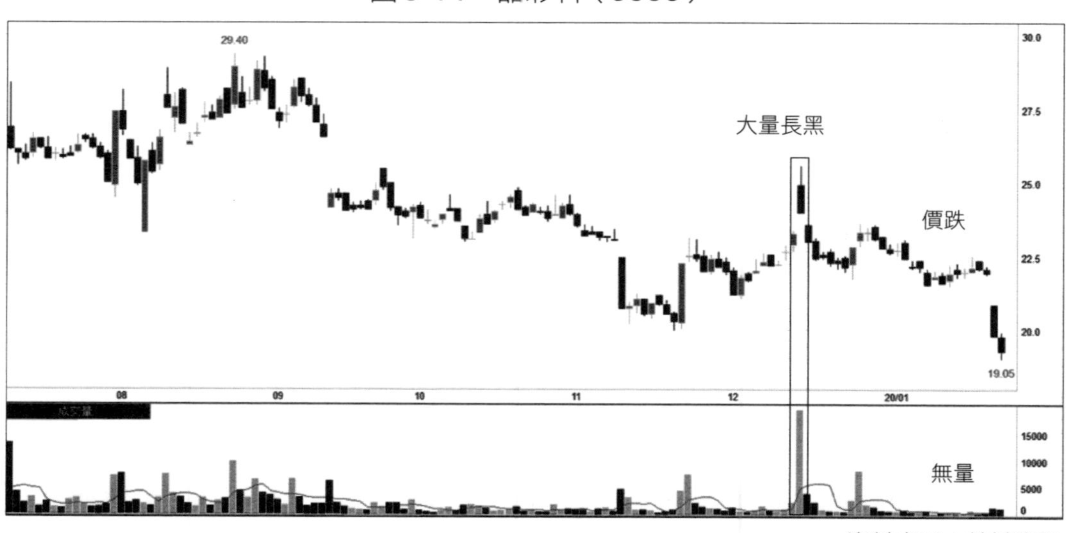

資料來源：精誠資訊

圖8-15：達運（6120）

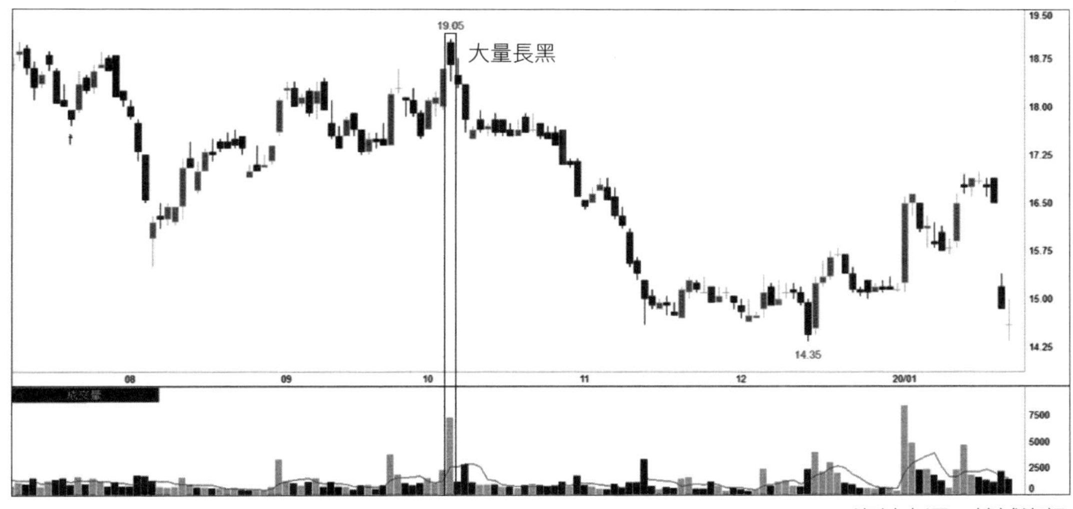

資料來源：精誠資訊

圖8-16：京元電（2449）

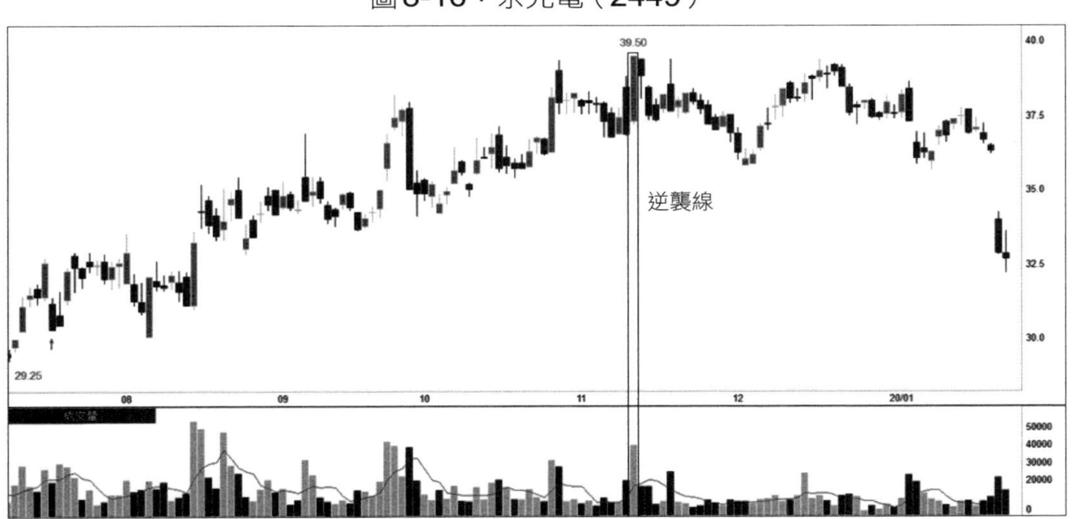

資料來源：精誠資訊

（5）鎳頂也是觸頂訊號：第一根K線的高點已遇到壓力，第二根K線再遇到壓力，會給投資人帶來這裡就是高點的感覺，但多方仍有反攻實力，但第3根黑K線殺低取量，就明顯形成盤頭型態。

以神盾（6462）為例，在2019年10月29、30日雖是黑K線，但因無量殺低多方僅是小傷隨時具反攻實力，但10月31日巨量1.37萬張殺低，遠高於周均量3千多張，巨量長黑遂使多方潰敗，頭部大套牢區便形成。

圖8-17：神盾（6462）

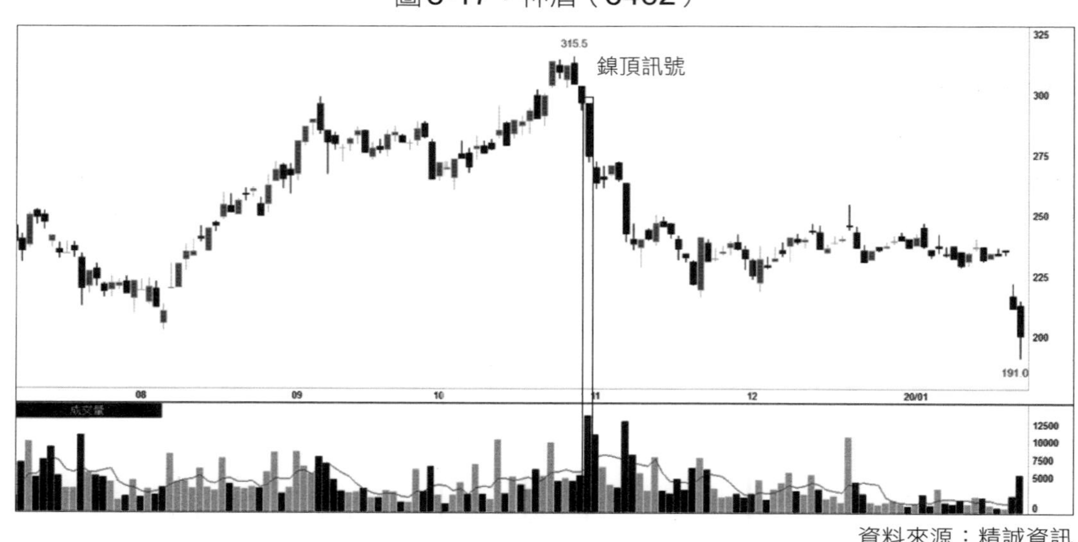

資料來源：精誠資訊

（6）假突破：雖是帶量長紅突破長期盤局，一根長紅解千愁，但之後均量迅速萎縮，人氣退潮股價表現平淡。

曾以美律為例，這裡再以M31（6643）為例，2019年10月25日以2,476張帶量長紅突破長期盤局，看似一根長紅解千愁，周均量穩定攀升至1,600張，股價漲至408元，但最後是假突破，因之後周均量迅速萎縮沿路下滑至4百張以下，人氣退潮股價因而進入盤整期。

圖8-18：M31（6643）

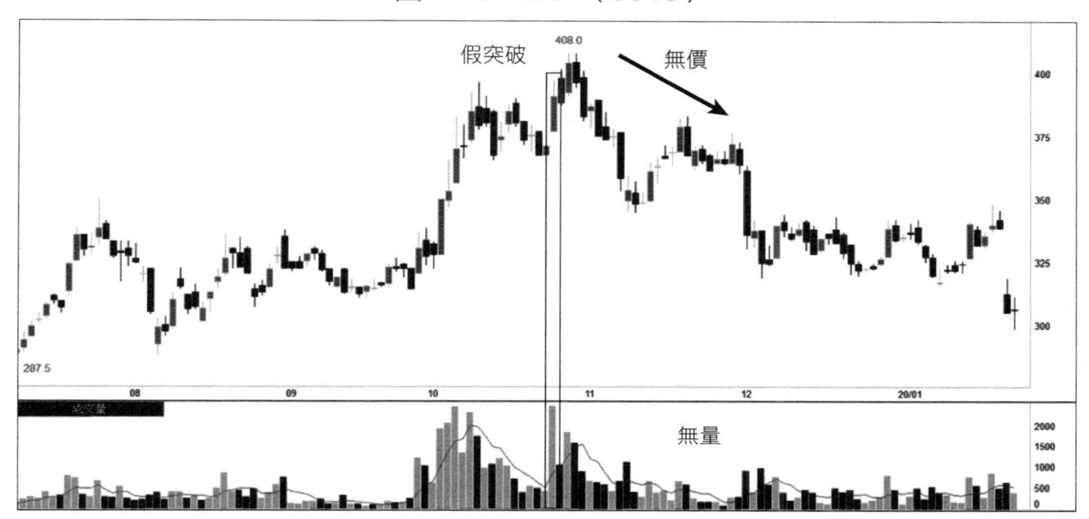

資料來源：精誠資訊

台灣廣廈國際出版集團
Taiwan Mansion International Group

國家圖書館出版品預行編目（CIP）資料

黑馬飆股操作攻防術：阿文師的快速致富指南 / 連乾文著.
-- 初版. -- 新北市：財經傳訊, 2020.03
面；　公分
ISBN 978-986-979-839-6(平裝)

1.股票投資 2.投資分析

563.53　　108022802

財經傳訊
TIME & MONEY

黑馬飆股操作攻防術：阿文師的快速致富指南

作　　者／連乾文
編輯中心／第五編輯室
編 輯 長／方宗廉
封面設計／16設計有限公司
製版・印刷・裝訂／東豪・弼聖・紘億・秉成

行企研發中心總監／陳冠蒨 ・ **媒體公關組**／何欣穎
整合行銷組／陳宜鈴 ・ **綜合行政組**／陳柔彣

發 行 人／江媛珍
法 律 顧 問／第一國際法律事務所 余淑杏律師・北辰著作權事務所 蕭雄淋律師
出　　版／台灣廣廈有聲圖書有限公司
地址：新北市235中和區中山路二段359巷7號2樓
電話：（886）2-2225-5777・傳真：（886）2-2225-8052

代理印務・全球總經銷／知遠文化事業有限公司
地址：新北市222深坑區北深路三段155巷25號5樓
電話：（886）2-2664-8800・傳真：（886）2-2664-8801
網址：www.booknews.com.tw（博訊書網）
郵 政 劃 撥／劃撥帳號：18836722
劃撥戶名：知遠文化事業有限公司（※單次購書金額未達500元，請另付60元郵資。）

■出版日期：2020年3月
2020年4月初版3刷
ISBN：978-986-797-839-6